Traumzeugin

Ratgeber, Tipps und Tricks für die Trauzeugin

Julia Berger
ISBN 978-1539851554

Dein Goodie

Als Dankeschön, dass du dieses Buch gekauft hast, kannst du kostenlos die Checkliste für die Trauzeuginnen-Notfall-Tasche herunterladen.

Hier geht's zum Download:
www.traumzeugin.de/free

Inhalt

Vorwort

Wie viele von uns haben sich ihren Hochzeitstag bereits als kleines Mädchen ausgemalt? Ein wunderschönes, weißes Kleid, eine fröhliche Feier, ein Mann, mit dem wir den Rest unseres Lebens verbringen wollen. Und an diesem besonderen Tag wünschen wir uns, dass ein ganz besonderer Mensch an unserer Seite steht. Nein, diesmal meine ich nicht den Bräutigam. Die Rede ist von der Trauzeugin. Sie ist die engste Verbündete und Vertrauensperson der Braut. Die Trauzeugin soll dabei sein, wenn der Traum von der eigenen Hochzeit in Erfüllung geht.

Trauzeugin zu sein, ist eine große Ehre. Auf angehende Trauzeuginnen warten viele spannende Wochen. Sie erleben die Hochzeitsvorbereitungen hautnah mit, helfen dabei, das Brautkleid auszusuchen, die Feier zu planen und bieten dem Brautpaar emotionale Unterstützung, wenn es doch einmal ein wenig stressig wird.

Als frisch ernannte Trauzeugin freust du dich sicher auf diese Zeit. Doch vielleicht hast du auch ein bisschen Bammel, weil du nicht weißt, welche Aufgaben mit diese Berufung verbunden sind.

Dieses Buch hilft dir dabei, die Herausforderungen zu meistern. Hier wirst du zur Expertin rund um das Thema Hochzeit. Du erfährst, welche Aufgaben eine Trauzeugin klassischerweise übernimmt, wie du einen unvergesslichen Junggesellinnenabschied planst, eine rührende Rede vorträgst und wie du das Brautpaar bei den Vorbereitungen und am Hochzeitstag unterstützen kannst. Dazu gibt es wertvolle Tipps zur Hochzeitsplanung, zum perfekten Trauzeuginnen-Outfit und Strategien, wie du Streitigkeiten mit dem Brautpaar vermeiden kannst.

So wirst du zu einer wahren *Traumzeugin*.

Schlüsselrolle Trauzeugin

Was macht eine Trauzeugin?

Früher ein Muss, heute eine Auszeichnung – die Rolle von Trauzeugen hat sich im Laufe der Jahre erheblich gewandelt. Bis zum 19. Jahrhundert gab es noch keine Standesämter. Der Staat hatte mit Eheschließung nichts am Hut. Hochzeiten waren einzig und allein eine Angelegenheit der Kirchen. Hier wurden die Ehen zwar vor Gott geschlossen, jedoch konnte man sich im Zweifel nicht darauf verlassen, dass Gott sich später auch dazu äußern würde, ob und was sich die Eheleute vor dem Altar versprachen.

Also mussten Trauzeugen ernannt werden. Für den Fall, dass es später zu einem Streit zwischen den Eheleuten kam und eine Partei gar die Gültigkeit der Ehe anzweifelte, konnten die Trauzeugen bestätigen, dass das Paar tatsächlich verheiratet war: Sie konnten die Trauung bezeugen.

Die Einführung der standesamtlichen Hochzeit verlieh der Eheschließung dann einen noch offizielleren Charakter. Der Standesbeamte bezeugt die Heirat und stellt eine Urkunde aus, auf der beide Partner schriftlich bestätigen, dass sie einander die Ehe versprechen. Weitere Zeugen sind damit eigentlich nicht notwendig. Eigentlich. Denn der Brauch, Trauzeugen zu benennen, hatte sich so fest verankert, dass es erst seit ein paar Jahren gesetzlich erlaubt ist, auch ohne Zeugen zu heiraten. Das gilt sowohl für das Standesamt als auch für eine Hochzeit in der evangelischen Kirche. Brautpaare, die sich römisch-katholisch trauen lassen wollen, müssen nach wie vor Trauzeugen ernennen.

Auch wenn es mittlerweile in den meisten Fällen nicht mehr notwendig ist, Trauzeugen auszuwählen, wird dieser Brauch dennoch gerne ausgeübt. Trauzeugen müssen nicht mehr die Gültigkeit der Ehe bezeugen. Doch sie sind nach wie vor wichtige Begleiter des Brautpaars. Sie sollen den Eheleuten ein Leben lang mit Rat und Tat dienen, in Krisenzeiten vermitteln und ihnen gegebenenfalls dabei helfen, die Ehe wieder zu kitten.

Besonders wichtig sind die Trauzeugen jedoch am Hochzeitstag selbst. Sie beraten und unterstützen das Brautpaar bei der Planung der Hochzeit und stehen ihm an seinem großen Tag zur Seite. In manchen Fällen mutieren die Trauzeugen zu regelrechten Hochzeitsplanern, die die Hochzeit orchestrieren und koordinieren.

Trauzeugin oder Brautjungfer?

Im Normalfall ernennt jeder Ehepartner einen Trauzeugen oder eine Trauzeugin. Der Bräutigam nimmt meist einen guten Kumpel, Bruder oder Cousin. Die Braut wählt vielleicht eine Schwester, eine Cousine oder ihre beste Freundin. Natürlich ist es auch vollkommen in Ordnung, wenn die Braut einen männlichen Trauzeugen oder der Bräutigam eine Trauzeugin wählt. Wenn der beste Freund des Bräutigams eben eine Frau ist – so sei es.

Immer mehr Bräute ernennen neben der Trauzeugin auch Brautjungfern. Früher war es so, dass Brautjungfern am Hochzeitstag ähnliche Kleider wie die Braut trugen. Das sollte dazu dienen, böse Geister von der Braut abzulenken. Heute haben die Brautjungfern hauptsächlich eine dekorative Funktion und übernehmen kleinere Aufgaben während der Zeremonie. Sie richten zum Beispiel die Schleppe oder führen die Blumenkinder an. Für die Trauzeugin können die Brautjungfern eine tolle Unterstützung sein. Doch egal, wie gut das Zusammenspiel der Brautgesellschaft funktioniert, die Trauzeugin bleibt immer die Brautjungfer Nummer Eins.

Die perfekte Trauzeugin

Frauen zwischen 25 und 35 Jahren, die seit längerem in einer festen Beziehung leben, stehen unter ganz besonderer Beobachtung. Jedes Mal, wenn sie von einem Wochenendtrip oder einer Urlaubsreise zurückkommen, erhaschen ihre Freundinnen einen eifrigen Blick, um zu sehen, ob an der braun gebrannten Hand nicht vielleicht ein neues Schmuckstück blinkt. Ist die Verlobung dann offiziell, ist die Freude natürlich groß. Jede enge Freundin oder Verwandte möchte diese aufregende Zeit mit der angehenden Braut teilen. Und schnell schwebt die Frage im Raum: Wer wird eigentlich Trauzeugin?

Die Qual der Wahl

Für viele Bräute steht bereits seit Jahren fest, wen sie an ihrem großen Tag an ihrer Seite wollen. Andere hingegen tun sich etwas schwerer. Für sie wird die Wahl einer Trauzeugin zum heiklen Thema. Vielleicht würden sie gerne eine Freundin auswählen, haben aber Angst, dass sich die Schwester übergangen fühlt. Wenn es blöd kommt, mischen sich auch noch Familienangehörige ein und drän-gen zu einer bestimmten Wahl.

Oder aber die Braut fühlt sich der besten Freundin gegenüber verpflichtet, obwohl sie glaubt, dass jemand anderes eigentlich besser für den Job geeignet wäre. Hier ist viel Fingerspitzengefühl gefragt – sowohl von der angehenden Braut als auch von den potenziellen Trauzeuginnen.

Da hilft es, sich auf die Hochzeitsregel Nummer Eins zu besinnen: Im Vordergrund steht das Brautpaar. Natürlich ist es eine große Ehre, als Trauzeugin benannt zu werden, und sicher auch eine Enttäuschung, es nicht zu sein. Doch in erster Linie muss das Brautpaar mit der Entscheidung leben können und der Rest der Hochzeitsgesellschaft sollte sich nach ihm richten.

Nimm es also sportlich, falls du wider erwarten doch nicht als Trauzeugin auserwählt wurdest. Es gibt trotzdem genügend Möglichkeiten, wie du dich in die Hochzeit einbringen und dafür sorgen kannst, dass dieser Tag wirklich zum schönsten im Leben des Brautpaars wird.

Haben dich die Braut oder der Bräutigam jedoch zur Trauzeugin ernannt – Herzlichen Glückwunsch! Dich erwartet eine spannende Zeit, in der du mit dem Brautpaar allerlei Höhen und Tiefen gemeinsam bewältigen wirst.

So schön und aufregend die Verlobungszeit für Brautpaar und Trauzeugen auch ist, sie wird schnell zur Belastungsprobe. Denn obwohl die Trauzeugenrolle zunächst hauptsächlich ein Ehrentitel ist, werden mehr und mehr Ansprüche an sie gestellt, je näher der Hochzeitstag rückt.

Die Trauzeugin-Braut-Beziehung wird in dieser Zeit regelrecht auf die Probe gestellt. Wenn die Trauzeugin in ihrer Rolle enttäuscht, kann dies unter Umständen die Beziehung zum Brautpaar schwächen. Andererseits kann die Freundschaft auch umso mehr gestärkt werden, wenn beide gut zusammenarbeiten.

Was eine gute Trauzeugin ausmacht

Natürlich möchtest du die bestmögliche Trauzeugin sein. Doch was bedeutet das eigentlich? Es gibt ein paar Eigenschaften, die für diesen Job äußerst nützlich sind:

Zuverlässigkeit
Ganz oben auf der Liste der Charakterzüge einer *Traumzeugin* steht Zuverlässigkeit. Als Trauzeugin wirst du eine ganze Reihe an Aufgaben übernehmen, um den Brautleuten die Hochzeitsvorbereitungen zu erleichtern. Daher müssen sie sich voll und ganz auf dich verlassen können.

Organisationstalent
Dann ist es hilfreich, wenn die Trauzeugin gut organisiert ist. Wer kommt zum Junggesellinnenabschied? Wann müssen die Programmhefte in der Kirche liegen und wer sammelt sie wieder ein? Nicht selten müssen Trauzeuginnen am Hochzeitstag oder vorher eine Menge Aufgaben und Menschen koordinieren. Wer gut mit To-do-Listen arbeiten und auch in turbulenten Situationen den Überblick behalten kann, ist klar im Vorteil.

Stressresistenz
Apropos turbulente Situationen: Sowohl das Brautpaar als auch enge Angehörige stellen hohe Erwartungen an die Hochzeit. Alles soll perfekt sein. Da liegen die Nerven schon einmal blank. Vielleicht wurde der Termin mit dem Fotografen so gelegt, dass er sich mit dem Friseurbesuch der Braut überschneidet. Oder im strickten Zeitplan hast du vollkommen vergessen, dass du selbst auch noch ein paar Minuten brauchst, um dich umzuziehen. Hier gilt es, Ruhe zu bewahren und sich nicht aus dem Konzept bringen zu lassen. Stressresistenz ist eine Eigenschaft, die sich bei Trauzeuginnen in jedem Fall auszahlt.

Einfühlsamkeit
Das gilt grundsätzlich natürlich auch für die Braut. Deren Geduld wird bei den Vorbereitungen oder am Hochzeitstag selbst noch häufig genug auf die Probe gestellt. Als einfühlsame Trauzeugin wirfst du immer auch einen Blick auf den emotionalen Zustand der Braut.

Signalisiere ihr, wie sehr du dich für sie freust und biete ihr an, über Zweifel und Sorgen zu reden. Bewerte nicht, was sie sagt, sondern versuche einfach, ihren Gedankengang nachzuvollziehen. Denk daran: Du bist in dieser Zeit ihre engste Vertraute.

Eigene Interessen abgrenzen

Eng und vertraut zu sein, ist großartig. Doch dies birgt auch Streitpotenzial. Es geschieht schnell, dass man sich in dem ganzen Hochzeitstrubel verirrt. Wenn die Trauzeugin eng in die Vorbereitungen und Entscheidungen involviert ist, kann es passieren, dass sie diese nach ihren eigenen Vorstellungen gestalten will. Und so kommt manchmal schlechte Stimmung auf, wenn die Braut sich in irgendeiner Sache gegen den Rat der Trauzeugin für etwas anderes entscheidet.

Eine gute Trauzeugin weiß daher ihre eigenen Interessen von denen der Braut abzugrenzen und berät immer im Sinne des Brautpaars.

Bin ich die richtige Wahl?

Wer als Trauzeugin enttäuscht, riskiert im schlimmsten Fall die Freundschaft zum Brautpaar. Ganz schön viel Druck, denkst du jetzt. Vielleicht zweifelst du sogar daran, ob du als Trauzeugin wirklich die beste Wahl bist. Möglicherweise hast du beim Thema Hochzeit kaum Erfahrungen.

Klar, eine Trauzeugin, die selbst bereits geheiratet hat, verfügt über einen reichen Erfahrungsschatz und kennt viele Kniffe und Tricks, worauf es bei der Hochzeitsplanung ankommt. Doch auch wenn der Hochzeitszirkus für dich neu ist, kannst du dir leicht grundlegendes Hochzeitswissen aneignen. Das hilft dir dabei, die Braut bestmöglich zu beraten. Tolle Tipps findest du zum Beispiel in Gesprächen mit verheirateten Freundinnen, im Internet und natürlich in diesem Buch.

Hochzeitsvorbereitungen sind sehr zeitintensiv, das bekommen auch die Trauzeugen zu spüren. Wenn du befürchtest, dass der Zeiteinsatz eine kritische Rolle spielen wird, solltest du das offen mit der Braut besprechen. Manchmal ist es eben so, dass man in der Familie oder im Job ausgerechnet in der Hochzeitshochphase am meisten eingespannt ist.

Das bedeutet jedoch nicht, dass du deswegen dein Amt als Trauzeugin niederlegen musst. Meist hilft es schon, wenn einige Aufgaben von anderen Hochzeitsgästen übernommen werden. Mach lieber etwas weniger, dafür aber mit Spaß. Denk immer daran: Wenn die Braut Vertrauen in dich setzt, dann solltest du dies auch tun.

Als Traumzeugin...

...bist du zuverlässig, organisationsstark und einfühlsam. Du schaffst es, deine eigenen Interessen von denen der Braut abzugrenzen.

Du unterstützt die Bautleute, so wie sie es möchten, sagst aber auch ganz offen, wenn dir etwas zu viel wird.

Was dich als Trauzeugin erwartet

Gute Fee, Hochzeitsplanerin, Seelentrösterin: Die Trauzeugin schlüpft vor und während der Hochzeit in viele unterschiedliche Rollen. So vielseitig die Einsatzgebiete der Trauzeugin auch sind, so unklar ist ihre Rolle tatsächlich definiert. Und das führt oft zu Unsicherheit.

Früher war die Aufgabenstellung klar: Die Trauzeugin brauchte bloß bei der Hochzeitszeremonie anwesend zu sein und mit ihrer Unterschrift zu bezeugen, dass das Brautpaar auch wirklich geheiratet hat. Heute ist die Trauzeugin in den allermeisten Fällen viel enger in die Hochzeitsvorbereitungen eingebunden und fiebert eifrig mit.

Die Trauzeugin ist da, wenn darum es geht, sich mit dem Brautpaar die Hochzeit auszumalen. Sie sammelt Ideen in Bezug auf die Feier, die Zeremonie und natürlich die Garderobe. Sie hilft der Braut, die Ideen in die Tat umzusetzen. Besuche beim Floristen, in der Druckerei für Einladungs- und Tischkarten und natürlich im Brautmodengeschäft machen mit der Trauzeugin gleich doppelt so viel Spaß, ebenso wie die Auswahl der Tischdekoration, der Gastgeschenke oder der Hochzeitstorte.

Oft ist die Trauzeugin diejenige, bei der alle Fäden zusammenlaufen. Auf den Einladungskarten stehen ihre Kontaktdaten, denn sie ist die ideale Ansprechpartnerin für alle Anliegen der Hochzeitsgäste. Das ist eine große Hilfe für das Brautpaar, das sich in der ereignisreichen Phase der Hochzeitsvorbereitungen nicht mit Parkplatzanfragen und detaillierten Wegbeschreibungen herumschlagen muss. Außerdem ist es auf diese Weise möglich, dass sich die Gäste zu Überraschungen oder Hochzeitsspielen absprechen können, ohne dass das Brautpaar von diesen Plänen erfährt.

Party-Profi oder Bastelfee?

Einige Trauzeuginnen sind Meisterinnen der Koordination, andere haben ein Händchen für Blumen und sind damit ganz besonders qualifiziert, Hochzeitsstrauß, Tischgestecke und Kirchenschmuck auszuwählen. Wiederum andere sind leidenschaftliche Bastlerinnen und helfen der Braut bei der Gestaltung der Tischkarten und Gastgeschenke. Es macht absolut Sinn, dass du dich an deine Stärken hältst und das einbringst, was dir am meisten liegt.

Du kannst auch ehrlich sagen, wenn etwas überhaupt nicht in deinen Kompetenzbereich fällt. Damit sorgst du dafür, dass das Brautpaar eine optimale Hochzeits- und Vorbereitungszeit erleben kann und ersparst dir selbst eine Menge unnötigen Stress.

Ein Beispiel: In der Woche vor meiner eigenen Hochzeit wäre ich beinahe über den Platzkarten verzweifelt, die ich mit einem extra dafür angeschafften Goldstift selbst beschriften wollte. Was ich nicht bedacht hatte war, dass meine Handschrift einfach fürchterlich ist. Und egal wie sehr ich mich anstrengte, die Platzkarten sahen so aus, als hätte eine Fünfjährige sie beschriftet. Natürlich war es zu dem Zeitpunkt viel zu spät, um die Karten doch noch drucken zu lassen.

Glücklicherweise war ich an diesem Abend mit einer Freundin verabredet, die mir anbot, die Karten für mich zu beschriften. Diese Freundin, seitdem bekannt als Bastelfee Nina, schwang den Stift über das Papier, sodass am Ende absolut ansehnliche Platzkarten auf den Tischen standen. Spätestens seit diesem Tag war klar: Basteln, kleben und kleinfrickeln gehören nicht zu meinen Stärken. Und das werde ich in Zukunft auch besser gleich anderen überlassen.

Was ich hingegen gut kann, ist Partys zu organisieren. Beim Thema Junggesellinnenabschied bin ich ganz vorne dabei und habe auch befreundeten Trauzeuginnen geholfen, ihre Bachelorette-Partys auszurichten. Wenn du dich also deinen Stärken nach engagierst, profitieren am Ende alle.

Erwartungen klären

Für die Aufgaben der Trauzeugen gilt der Grundsatz: Alles kann, nichts muss. Da es kein Regelbuch gibt, welche Aufgaben eine gute Trauzeugin zu übernehmen hat, sind diese theoretisch unendlich. Und mit unendlich lässt sich nun mal schlecht planen. Damit später keine Tränen der Enttäuschung kullern, solltest du mit dem Brautpaar möglichst früh absprechen, welche Aufgaben du übernehmen wirst.

Dabei ist es hilfreich, zu allererst die Erwartungen der Braut auszuloten und herauszufinden, wie weit sie dich als Trauzeugin involvieren möchte. Es gibt Bräute bzw. Brautpaare, die den Großteil lieber in Eigenregie umsetzen und die Trauzeugen außerhalb der eigentlichen Zeremonie gar nicht so eng einbeziehen möchten.

Auch wenn du in solch einem Fall vielleicht ein wenig enttäuscht sein wirst, zeigst du am besten Verständnis. Signalisiere, dass sich die Braut jederzeit an dich wenden kann, falls sie es sich anders überlegen sollte. Du wirst sehen, je näher der Hochzeitstermin rückt, desto höher wird der Berg an unerledigten Kleinigkeiten anwachsen.

Für dich gibt es dann mit Sicherheit noch eine ganze Reihe an Aufgaben, die du kurzfristig übernehmen kannst – Retterin-in-der-Not-Titel inklusive.

Andere Bräute wiederum wünschen sich von Anfang an, dass die Trauzeugen eng in die Zeremonie und in die Vorbereitungen einbezogen sind. Sie würden ihre Trauzeugin am liebsten zu jedem Friseurbesuch, zu jeder Kleideranprobe und Feinabsprache mit dem Floristen mitnehmen. Vielleicht, weil sie sich wünschen, diese aufregende Zeit unmittelbar mit ihrer besten Freundin zu teilen. Möglicherweise aber auch, weil sie befürchten, ohne Hilfe keine guten Entscheidungen zu treffen.

Falls letzteres der Fall sein sollte, musst du ganz besonders darauf achten, dass du die Braut in ihrem Sinne berätst und ihr nicht versehentlich deine Vorstelllungen aufdrückst. Bestärke die Braut darin, selbst zu entscheiden. Und das beinhaltet auch, dass es Entscheidungen gibt, die sie ohne dich treffen sollte.

Nicht überfordern lassen

Nur, weil es hunderte Aufgaben und Termine zu erledigen gibt, bedeutet das nicht, dass du sie alle übernehmen musst. Auch Trauzeuginnen, die eng in die Hochzeitsvorbereitungen einbezogen werden, gelangen irgendwann an ihre Grenzen. Sie sind schließlich keine hauptberuflich tätigen Hochzeitsplanerinnen und haben neben der Hochzeit der besten Freundin auch noch einen Job und ein Privatleben. Manchmal stellen sie in einer Saison sogar mehreren Bräuten ihre Dienste zur Verfügung.

Damit dein Trauzeuginnen-Job ein Spaß wird und kein Stressfaktor, ist es wichtig, dich nicht überfordern zu lassen. Überleg dir genau, wie viele Aufgaben du übernehmen kannst und möchtest. Sprich mit der Braut darüber, falls sie mehr vorgesehen hat als du stemmen kannst.

Oft lassen sich die Aufgaben auch unter anderen engen Vertrauten oder den Brautjungfern aufteilen, sodass du etwas entlastet wirst. Es ist besser ehrlich zu sagen, wenn du etwas nicht schaffst, als dass am Ende eine Aufgabe unter den Tisch fällt.

Trauzeugin für den Bräutigam

In der Regel ist es so, dass die Braut eine Trauzeugin auswählt und der Bräutigam einen Trauzeugen. Die Trauzeugin unterstützt die Braut bei all ihren Vorhaben – erfahrungsgemäß ist sie weitaus aktiver und mehr eingespannt als der Trauzeuge. Aber natürlich ist es grundsätzlich auch möglich, dass der Bräutigam seine Schwester oder die beste Freundin zu seiner Trauzeugin ernennt.

In diesem Fall bist du natürlich in erster Linie dafür zuständig, den Bräutigam bei den Hochzeitsvorbereitungen zu unterstützen. Das kann bedeuten, dass du bei der Auswahl des Smokings oder Anzugs hilfst, ein Geschenk für die Braut besorgst und vielleicht sogar den Junggesellenabschied ausrichtest.

Zu den klassischen Aufgaben des vom Bräutigam ernannten Trauzeugen gehört es außerdem, während der Trauungszeremonie die Eheringe aufzubewahren und zum Ringtausch auszuhändigen.

Ringberater

Apropos Ringe: Als enge Vertraute der Braut oder des Bräutigams kann es sein, dass deine Dienste bereits vor der Verlobung benötigt warden, nämlich bei der Auswahl des Verlobungsrings.

Gelb- oder Weißgold? Großer Stein oder kleiner? Lieber ein schmaler Ring oder ein breiter? Und überhaupt: Wie viel sollte man für einen Verlobungsring ausgeben? Fragen wie diese beschäftigen Männer bei der Suche nach dem richtigen Ring. Die Entscheidung fällt nicht leicht. Schließlich wird die zukünftige Braut diesen Ring ihr Leben lang tragen. Daher soll er ihr natürlich unbedingt gefallen.

In Sachen Schmuck ist es für Männer manchmal nicht einfach, den Geschmack ihrer Frau oder Freundin zu treffen. Und so treibt die Aufgabe, dieses eine wichtige Schmuckstück auszuwählen, einigen Männern die Schweißperlen auf die Stirn.

Hier ist weiblicher Rat gefragt. Vielleicht weißt du als enge Vertraute der Braut ohnehin, welche Art Ring sie schön finden würde. Oder du kannst diese Information bei einem Schaufensterbummel unauffällig aus ihr herauskitzeln.

Egal, ob du die Vertraute der Braut oder des Bräutigams bist, als *Traumzeugin* bietest du deine Hilfe beim Ringkauf gerne an.

Als Traumzeugin...

...bringst du dich deinen Stärken entsprechend in die Hochzeitsvorbereitungen ein. Kläre mit der Braut, in welchem Umfang sie dich in die Hochzeitsplanung mit einbeziehen möchte.

Wenn dein Aufgabenberg jedoch zu groß wird, überlege gemeinsam mit dem Brautpaar, welche Tätigkeiten an andere Gäste delegiert werden können.

Aufgaben der Trauzeugin vor der Hochzeit

Von der Inspiration zur Planung

Die erste Zeit kurz nach dem Heiratsantrag gehört für die meisten Brautpaare zur schönsten Zeit der Verlobungsphase. Beide haben sich zueinander und vor allem zu einer gemeinsamen Zukunft bekannt. Besonders Bräute, die schon länger auf diesen Moment gewartet haben, sind in dieser Zeit überglücklich. Immer wieder betrachten sie den Verlobungsring an ihrem Finger – das vielleicht schönste Schmuckstück, das sie bisher bekommen haben.

Dies ist auch die Phase, in der besonders viele Frühstückstreffen, Mädels-Abende und Kaffeetermine mit der Familie geplant werden. Schließlich gibt es großartige Neuigkeiten zu verkünden. Es ist schön, wenn das Brautpaar diese erste glückliche Zeit genießen kann, in der es die volle Aufmerksamkeit bekommt und die Vorfreude auf die Hochzeit steigt.

Noch schöner ist es natürlich, wenn du als Trauzeugin diese Vorfreude teilen darfst. Denn es ist diese erste Phase, in der auch die Hochzeitsschwärmerei beginnt. Die zukünftige Braut ist sensibilisiert für alles, was mit dem Thema Hochzeit zu tun hat. Blumen, Torten, ja, sogar die Glückwunschkartennabteilung im Supermarkt rücken in ein vollkommen neues Licht und werden durch die Hochzeitsbrille beurteilt.

Und auch du als Trauzeugin wirst dich vielleicht dabei erwischen, wie du häufiger als sonst an den Schaufenstern von Brautmodengeschäften oder Juwelieren hängen bleibst. Das ist auch gut so. Denn jetzt ist ein guter Zeitpunkt, um Inspirationen, Ideen und Träume zu sammeln, die sich später zur eigentlichen Hochzeit zusammensetzen.

Inspirationsquellen finden

Man kann also sagen, dass Träume und Ideen zu sammeln, die erste Aufgabe von Braut und Trauzeugin ist. Wer weiß, wo er Inspirationen findet, wird bald einen breiten Fundus an Möglichkeiten haben, aus denen er später die Perlen herauspicken kann.

Eine tolle und beliebte Inspirationsquelle sind Hochzeitsmagazine. Bei größeren Zeitschriftenhändlern oder am Bahnhofskiosk gibt es eine beachtliche Auswahl. Die meisten von ihnen decken ein breites Themenspektrum ab: Brautmode und Accessoires, Ideen für die Tischdekoration, Tipps für den großen Tag und Make-up-Vorschläge. Dazu gibt es häufig Fotostorys über unterschiedliche Hochzeiten. Sie veranschaulichen tolle Gesamtpakete: den Look der Braut, das Dekorationsthema und besondere Schauplätze.

Neben allgemein gehaltenen Hochzeitsmagazinen gibt es auch Zeitschriften, die besonders auf die Themen Brautmode, Accessoires, Frisuren und Make-up spezialisiert sind. Sie sind Gold wert, wenn es darum geht, erste Ideen zum Thema Outfit zu sammeln. Angehende Bräute, die noch gar keine Vorstellungen davon haben, wie ihr Hochzeitskleid aussehen soll, gewinnen einen ersten Überblick, welche unterschiedlichen Stile, Farben und Formen es gibt. Denn im Gegensatz zu Katalogen oder vor Ort im Geschäft ist der Blick in Magazine objektiver und unabhängiger von Marken, Sortiment oder den Vorlieben der Verkäufer.

Auch für den Besuch beim Friseur ist es außerordentlich hilfreich, bereits ein Foto mitzubringen, das zeigt, wie die Brautfrisur in etwa aussehen soll.
Ideen zu Hochzeitslocations findet ihr in regionalen Hochzeitsmagazinen. Für große Städte oder Regionen gibt es Zeitschriften, die Orte, Kirchen und Gaststätten listen, die Brautpaare gerne für Ze-remonie oder Feier nutzen. Ganz objektiv sind diese Magazine jedoch in der Regel nicht, da sie sich über Anzeigen finanzieren und ein Eintrag bzw. die Vorstellung einer Location in vielen Fällen kostenpflichtig ist. Eine abschließende Auflistung aller Veranstaltungsorte gibt es daher nicht – dafür aber einen ersten Überblick.

Wer noch mehr bildliche Anregungen sucht, stöbert am besten einmal in Katalogen von Brautmodengeschäften oder anderen Hochzeitsdienstleistern. Es gibt auch eine Reihe schöner Bildbände, die verschiedene Hochzeiten liebevoll illustrieren. Oft sind diese Bildbände einem speziellem Thema gewidmet, zum Beispiel Hochzeit auf dem Land oder Heiraten für Gothik-Fans. Diese Bildbände sind nicht nur schön zum Durchblättern, sondern erleichtern es dem Brautpaar auch, sich ihre eigene Hochzeit besser vorstellen zu können.

Besonders spannend (und auch immer ein tolles gemeinsames Ausflugsziel) sind Hochzeitsmessen. Diese finden in nahezu jeder größeren Stadt statt, meist in den Monaten Januar oder Februar. Auf Hochzeitsmessen stellen unterschiedliche Dienstleister zum Thema Hochzeit aus: Kosmetikhersteller, Restaurantbesitzer, Cateringunternehmen, Weinhändler, Künstler, DJs, Fotografen und viele mehr.

Dazu gibt es regelmäßig Informationsveranstaltungen zu Themen wie Ehevertrag, Organisation oder auch Schminkkurse. Lokale Brautmodengeschäfte führen ihre aktuellen Kollektionen im Rahmen von Modenschauen vor.

Hochzeitsmessen sind daher auch für dich als Trauzeugin eine gute Gelegenheit, den regionalen Hochzeitsmarkt kennenzulernen und schon einmal ein paar Ideen für das Brautpaar zu sammeln. Für die Jägerinnen und Sammlerinnen unter uns gibt es außerdem immer eine Menge toller Giveaways abzugreifen.

Webtipp
Eine Hochzeitsmesse in deiner Nähe findest du im Internet zum Beispiel auf:

www.hochzeitsmesse4you.de

Das Internet ist ebenfalls eine hervorragende Inspirationsquelle, wenn es um das Thema Hochzeit geht. Hochzeitsportale und Websites von Fotografen und anderen Dienstleistern geben Ideen, wie die Hochzeit später aussehen könnte. Besonders schön sind Hochzeitsblogs. Hier berichten Bloggerinnen von der eigenen Hochzeit oder allgemein über aktuelle Hochzeitstrends. Es gibt tolle Outfit- und Frisuren-Tipps, interessante Produktvorstellungen und vor allem immer schöne Fotos. Im Gegensatz zu vielen Magazinen wird in Blogs frischer und aktueller berichtet – und zwar immer durch die Augen der Bloggerin. So wird es einfach, viele Ideen zu sammeln, aus denen sich am Ende der eigene Hochzeitsstil entwickeln kann.

Den eigenen Stil finden
Mit dem Hochzeitsstil ist das so eine Sache: Jedes Brautpaar wünscht sich eine Hochzeit, die zu ihm passt. Doch diesen Traum zu verwirklichen, ist bei der riesigen Auswahl an Möglichkeiten gar nicht so einfach. Vor allem dann nicht, wenn – bewusst oder unbewusst – noch Außenstehende versuchen, dem Brautpaar ins Gewissen zu reden. Sätze wie „Das könnt ihr so nicht machen“ oder „Das gehört schließlich dazu“ fallen gar nicht selten.

Und so gab es schon das eine oder andere Brautpaar, das sich eine Hochzeit im kleinen Rahmen gewünscht und am Ende mit 120 Personen gefeiert hat, weil die Brautmutter fleißig alle ehemaligen Nachbarn auf die Gästeliste gesetzt hat – ja, ihre eigenen Nachbarn. Oder das Brautpaar anstatt die erträumte Strandzeremonie zu feiern doch stocksteif durch den Kirchengang marschiert ist.

Als Trauzeugin kannst du den Brautleuten dabei helfen, ihren eigenen Stil zu finden und ihm auch treu zu bleiben. Halte Ausschau nach Ideen, die speziell zum Brautpaar passen. Wer in seiner Freizeit am liebsten Turnschuhe trägt und sich am Baggersee gemütlich ein paar Bier reinstellt, fühlt sich im pikfeinen Schloss vielleicht nicht wohl. Ebenso wenig mögen damenhafte Stadtbräute mit elegantem Modestil eine rustikale Feier mit Schweinshaxen im Landgasthaus.

Informationen sortieren

Als engagierte Trauzeugin greift das Hochzeitsfieber sicher auch schnell auf dich über und es dauert nicht lange, bis du jede Menge Inspirationen gehamstert hast. Jetzt geht es darum, diese Informationen so zu sortieren, dass sich die vielen kleinen Ideen-Schnipsel später zu einem großen Hochzeitspuzzle zusammenfügen lassen. Auch hierbei wird die Hilfe der Trauzeugin benötigt.

Falls du für dich allein Inspirationen gesammelt hast, setzt du dich am besten mit dem Brautpaar zusammen, um eure Ideen zusammenzutragen und gemeinsam zu sortieren. Ein gutes Ordnungssystem hilft, den Überblick zu bewahren und verhindert, dass eine Idee untergeht.

Eine gute Möglichkeit zu strukturieren ist es, einen Sammelordner anzulegen. Dies kann ein klassischer Ringbinder sein, ein Zeitschriftensammler oder aber auch eine umfunktionierte Box oder Schuhkiste. Bastelfreunde bekleben den Ordner oder Kasten mit einem schönen Stoff und dekorieren ihn mit Hochzeitselementen. Weiße Spitze, Turteltauben oder goldene Ringe lassen keinen Zweifel aufkommen: Ich bin ein Hochzeitsordner.

Solch ein selbst gestalteter Ordner ist übrigens auch ein schönes Verlobungsgeschenk, mit dem die Trauzeugin die Braut beglücken kann.

So viel zur äußeren Gestaltung. Noch wichtiger als eine schöne Hülle ist natürlich der Inhalt. Damit der Hochzeitsordner gut sortiert bleibt, legst du am besten unterschiedliche Kategorien an: Standesamt, Kirche, Feier, Gäste, Kleidung/Frisur, Papierwaren (Menükarten, Einladungskarten etc.), Blumen, Dekoration, Catering/Torte. Hier kannst du dann alle gesammelten Informationen abheften, zum Beispiel Zeitungsausschnitte, Katalogschnipsel, Stoffmuster, Visitenkarten von Dienstleistern, handgeschriebene Listen oder Fotos.

Wenn dieser Hochzeitsordner für das Brautpaar ist, solltet ihr zusammen sortieren, welche Ideen im Ordner bleiben. Falls du auch einen Ordner für nur für dich anlegst, kannst du noch weitere Kategorien hinzufügen, zum Beispiel „Junggesellinnenabschied“, „Brautparty“ oder „Geschenkideen“.

Eine Alternative zum Papier ist ein digitales Ordnersystem. Die Ideensammlung auf dem Computer hat den Vorteil, dass keine losen Zettelsammlungen entstehen und kein Lagerplatz benötigt wird. To-do-Listen und Ideendokumente kannst du außerdem zentral speichern, zum Beispiel in Dropbox, und auf diese Weise von jedem Computer, Smartphone oder Tablet aus einsehen und bearbeiten.

Um für Ordnung im digitalen Hochzeitsordner zu sorgen, bietet es sich ebenfalls an, mit Kategorien zu arbeiten. Jede Kategorie verdient einen eigenen Unterordner, in dem du gesammelte Dokumente, Screenshots, Fotos, Links und Listen zu den jeweiligen Themen aufbewahren kannst.

Projektplan erstellen

Inspirationen gesammelt – check! Ideen sortiert – check! Jetzt geht es langsam ans Eingemachte. Denn für jedes Brautpaar kommt der Moment, an dem die allgemeine Schwärmerei in konkrete Taten umgesetzt werden muss.

Hochzeitsvorbereitungen bestehen im Grunde aus einer Menge Telefonate, Internetrecherchen, Besichtigungen und Entscheidungen. Manchen Brautpaaren scheint der Berg an zu organisierenden Sachen so übermächtig zu sein, dass sie gar nicht so genau wissen, wo sie überhaupt anfangen sollen. Als Trauzeugin kannst du auch hier-bei deine Unterstützung anbieten und helfen, das vermeintliche Chaos zu ordnen.

Das perfekte Werkzeug hierfür ist ein Projektplan. Dieses Instrument aus dem Projektmanagement ist letztlich nichts anderes als eine To-do-Liste, die genau festhält, wer welche Aufgaben wann übernimmt. Es gibt im Internet eine Vielzahl an Tools zum herunterladen, im Grunde genügt jedoch eine einfache Excel-Tabelle.

Für die Erstellung des Projektplans kommen wieder die Kategorien aus dem Hochzeitsordner zum Einsatz. Nur werden sie diesmal viel detaillierter und mitsamt der dazugehörigen Unteraufgaben aufgelistet.

Ein Beispiel:

Das Herzstück aus der Kategorie „Papierwaren“ sind die Einladungskarten. Bis diese allerdings tatsächlich bei den Gäste an der Pinnwand haften, müssen einige Aufgaben erfüllt werden.

So könnten unter dem Punkt **Einladungen** folgende Schritte stehen:

- Texte für die Einladungen festlegen
- Ideen für Karten sammeln
- Empfängeradressen zusammentragen
- Karten auswählen
- Karten drucken lassen
- Einladungen verschicken oder überreichen

Dann ist es natürlich wichtig, zu kennzeichnen, wer welche Aufgaben übernimmt. Einige Besorgungen wird der Bräutigam erledigen, andere die Braut. Auch du als Treuzeugin kannst eingespannt werden, ebenso wie der Trauzeuge, die Brauteltern oder andere Freunde und Familienangehörige. Neben der Spalte mit den Aufgaben steht im Projektplan auch eine, in der die Person vermerkt wird, die die entsprechende Aufgabe erledigt.

Was auf keinen Fall im Projektplan fehlen darf, ist der Zeitpunkt, bis wann eine Aufgabe erledigt sein muss. Um einen ersten Überblick zu gewinnen, hilft es, den einzelnen To-dos zunächst einmal eine Priorität zuzuordnen. Aufgaben wie die Gästeliste zusammenzustellen und einen Termin festzulegen, haben eine höhere Priorität als die Auswahl des Smokings. Eine chronologische Reihenfolge erleichtert es auch, die Aufgaben zeitlich zu terminieren.

Um herauszufinden, was bis wann spätestens erledigt sein muss, rechnest du am besten von hinten. Beispiel Brautkleid: Das Hochzeitskleid sollte idealerweise mindestens drei, besser vier Monate vor dem Termin ausgewählt werden. Bei einer Maihochzeit und etwas Zeitpuffer für die Suche terminierst du den Besuch im Brautmodengeschäft für den Dezember oder Januar.

Wenn Aufgabe, Zuständigkeit und Zeitpunkt vermerkt sind, fehlt im Projektplan nur noch eine Spalte, in der ein Kreuzchen gesetzt werden kann, wenn etwas erledigt ist. Alternativ kann dieses Feld auch für Kommentare oder Statusupdates verwendet werden wie „wurde verschoben" oder „muss warten bis XY erledigt wird".

Projektplanung für Trauzeuginnen

Als Trauzeugin kannst du das Brautpaar bei der Hochzeitsplanung unterstützen, indem du mit ihnen zusammen einen Projektplan erstellst und den Fortschritt des Projekts Hochzeit mit verfolgst.

Doch auch für dich selbst kann ein solcher Projektplan ein nützliches Werkzeug sein, wenn es zum Beispiel darum geht, den Junggesellinnenabschied zu planen. Denn bei solchen Vorhaben sind eine Reihe an Menschen zu koordinieren, Aufgaben zu erledigen und Kleinigkeiten zu beachten. Der Projektplan sorgt dafür, dass am Ende alles reibungslos läuft und keine Aufgabe vergessen wird.

Als Traumzeugin...

...sammelst du Inspirationen zum Thema Hochzeit und hilfst der Braut, ihren eigenen Hochzeitsstil zu finden.

Biete dem Brautpaar an, die gesammelten Informationen zu sortieren und einen Projektplan zu erstellen, der es erleichtert, die Hochzeitsvorbereitungen zu organisieren.

Ein solcher Projektplan hilft dir auch beim Erledigen deiner Aufgaben, zum Beispiel bei der Organisation des Junggesellinnenabschieds.

Kirche, Feier, Standesamt: Vorbereitungen für den großen Tag

Wer seine Traumhochzeit plant, für den kommt ziemlich schnell der Moment, an dem Nägel mit Köpfen geschlagen werden müssen. Oftmals schneller als gedacht. Denn die allermeisten Paare möchten an einem Termin zwischen Mai und September heiraten – idealerweise an einem Samstag. Und so kann es schnell passieren, dass Kirchen und beliebte Veranstaltungsorte ziemlich schnell ausgebucht sind. Wenn ein Brautpaar sein Herz an eine bestimmte Kirche oder eine Location für die Feier geheftet hat, sollte es sehr früh einen Termin festmachen, sonst gibt es Tränen. Und auch für alle anderen Dinge gilt: Je früher desto besser.

Als Faustregel kann man sagen, dass man sich ein dreiviertel bis ein ganzes Jahr vor dem gewünschten Hochzeitstermin nach einem Ort für die Trauung und die anschließende Feier umsehen sollte. In großen Städten und für besonders beliebte Veranstaltungsorte müsst ihr vielleicht sogar noch mehr Vorlaufzeit einplanen.

Hochzeitsvorbereitungen in dieser Phase bedeuten vor allem, eine schier unendliche Anzahl an großen und kleinen Entscheidungen zu treffen. Einigen Brautpaaren fällt dies leicht. Sie wissen haargenau was sie wollen und auch wie sie es bekommen. Ohne zweimal zu überlegen, geben sie zu jeder Sache ein klares „Ja“ oder „Nein“.

Das sind aber die allerwenigsten. Die meisten Brautpaare tun sich mit den Entscheidungen etwas schwerer. Verständlich, schließlich heiraten die meisten Menschen nur einmal und am großen Tag soll möglichst alles perfekt sein. Dieser Druck wirkt sich negativ auf die Entscheidungsfreude aus.

Doch zum Glück kann sich das Brautpaar auf dich verlassen. Als Trauzeugin kannst du viele Angelegenheiten objektiv beurteilen. Du kennst die Brautleute gut und weißt, was sie glücklich macht. Mit kühlem Kopf wägst du unterschiedliche Optionen ab, motivierst die Brautleute, eine Entscheidung zu fällen, und berätst sie wohlwollend und kompetent. Die Trauzeugin wird in der Phase der Hochzeitsvorbereitungen zu einer wichtigen Beraterin.

Und damit du dieser wichtigen Funktion gerecht werden kannst, füttere ich dich hier mit nützlichen Wissensbissen, worauf es bei den Hochzeitsvorbereitungen ankommt und wie du das Brautpaar hierbei am besten unterstützen kannst. Bon Appetit!

Die Gästeliste

Von den ersten Träumereien einmal abgesehen, ist das Erstellen der Gästeliste der allererste Schritt in Sachen Hochzeitsvorbereitungen. Dabei ist das „Wer“ zunächst gar nicht so wichtig wie das „Wie viele“. Denn die Anzahl der geladenen Gäste ist für die Auswahl der Feier-Location von Bedeutung.

Und auch für das Budget. Denn Catering-Kosten werden in der Regel pro Person berechnet. Je mehr Einladungen also verschickt werden, desto teurer wird es.

Manchmal wird der erste Entwurf der Gästeliste einfach so lang, dass gekürzt werden muss. Vielleicht, weil sich das Brautpaar eine Hochzeit im kleinen Rahmen wünscht, das Budget beschränkt ist oder einfach eine bestimmte Anzahl an Hochzeitsgästen überschritten ist. Je mehr Personen mitfeiern, desto weniger Zeit wird das Brautpaar für jeden einzelnen haben – und oft auch leider für sich selbst.

Ich weiß von Hochzeiten mit über 320 Personen, bei denen die Gäste knapp zwei Stunden angestanden haben, um dem Brautpaar zu gratulieren und ihr Geschenk zu überreichen. So kann es passieren, dass das Brautpaar selbst nicht zum Essen oder Feiern kommt.

Wird die Gästeliste also zu lang, muss sich das Brautpaar eventuell von einigen Personen verabschieden. Als Trauzeugin kannst du dabei helfen, diese Entscheidung zu treffen. Du kannst außerdem beraten, wenn es darum geht, Personen von der Liste zu streichen.

Beinahe auf jeder Liste stehen ein oder zwei Personen, die es eher aus Höflichkeit oder einem Gefühl der Verpflichtung dorthin geschafft haben. Das kann eine entfernte, ungeliebte Verwandte sein oder der eigene Chef. Manchmal geben auch die Eltern den einen oder anderen energischen Ratschlag, wer unbedingt eine Einladung erhalten sollte, auch wenn das überhaupt nicht im Sinne der Brautleute ist.

Im Idealfall sollte das Brautpaar nur mit Menschen feiern, die es auch wirklich gerne um sich hat. Die Feier ist schließlich in erster Linie für sie da und nicht für andere. Daher ist es auch völlig in Ordnung, Menschen nicht einzuladen, die man im Grunde nicht wirklich dabei haben möchte.

Als Traumzeugin...

...schenkst du dem Brautpaar Mut, die Gästeliste zugunsten einer schönen Feier lieber etwas kleiner zu halten, wenn es mit einer großen Anzahl an Gästen hadert.

Versuche die Stimmung der Brautleute auszuloten. Meist haben sie sich innerlich bereits für oder gegen eine Person entschieden. Bestärke sie darin, auf ihr Bauchgefühl zu hören.

Die Hochzeits-Einladungen

Wenn die Gästeliste und der Hochzeitstermin feststehen, ist es an der Zeit, sich um die Einladungen zu kümmern. Schöne Einladungskarten gibt es in Fachgeschäften, Papeterien oder im Internet. Wer kreativ ist, kann die Einladungskarten auch selber gestalten und basteln. Die Auswahl ist auch hierbei sehr üppig. Sie reicht von ganz schlichten, farb-dezenten Karten bis hin zu auffälligen Exemplaren, die reich mit Hochzeitssymbolen oder Fotos des Brautpaars verziert sind. Es ist alles eine Frage des Geschmacks.

Viele Brautpaare wählen die Einladungen intuitiv aus, je nach dem, was ihnen gerade ins Auge springt. Menschen mit einem besonderen Auge für Details suchen nach Karten, die das Farbthema und Design der gesamten Hochzeit widerspiegeln. Da ist es nicht verwunderlich, dass es zu vielen Einladungskarten auch passende Menü-, Tisch- und Dankeskarten gibt.

Als Traumzeugin...
...kannst du das Brautpaar bei der Suche nach einer schönen Karte begleiten und beraten. Vielleicht stöberst du selbst einmal durch die Geschäfte oder das Internet und zeigst der Braut ein paar Exemplare, von denen du glaubst, dass sie ihr gefallen würden.

Bei Karten aus dem Internet ist es oft möglich, ein Muster zu bestellen. Das würde ich in jedem Fall empfehlen. Denn nicht immer sehen Karten genauso aus wie auf dem Foto und es ist ein tolles Erlebnis, die Karte einmal selbst in der Hand gehabt zu haben.

Eine schöne Karte zu finden, ist natürlich erst die halbe Miete. Wichtig ist vor allem, was drin steht. Folgende Informationen sollten auf jeden Fall in der Karte zu finden sein:

- Namen von Braut und Bräutigam
- Die Information, dass diese beiden heiraten
- Datum, Uhrzeit und Ort der Trauung (Name der Kirche oder des Standesamtes, Straße und Hausnummer, Ort)
- Datum, Uhrzeit und Ort der Feier (Name des Veranstaltungsortes, Straße und Hausnummer, Ort)
- Die Kontaktdaten des Brautpaares für Zu- bzw. Absagen und einen Termin, bis wann eine Antwort erwünscht ist

So viel zu den Basics. Darüber hinaus macht es Sinn, auch die Kontaktdaten der Trauzeugen mit anzugeben, damit diese Anfragen der Gäste bezüglich Details oder auch Brautspielen beantworten können. Viele Brautpaare geben auf den Einladungskarten auch gerne den Hinweis, dass sie sich am meisten über Bargeld freuen. Andere runden ihre Einladungen mit einem kleinen Gedicht, ihrem Trauspruch oder einem Foto von sich ab.

Zu den aufwändigeren Aufgaben in Sachen Hochzeitseinladungen gehört es, die Adressen der Hochzeitsgäste herauszusuchen. In Zeiten von E-Mail, WhatsApp und Co. verschickt kaum jemand noch Briefe auf dem klassischen Weg. Daher müssen Postadressen häufig mühsam zusammengetragen werden – was nicht selten in einen Telefon- und E-Mail-Marathon ausufert. Daher ist das Sammeln von Adressen eine schöne Aufgabe für die Trauzeugen, die das Brautpaar dadurch deutlich entlasten können.

Save-the-Dates

Karten auswählen, Text überlegen, Karten überprüfen, Druck abwarten – das kann sich ganz schön hinziehen. Wer zu lange mit der Einladung wartet riskiert, dass die Gäste am besagten Termin vielleicht schon auf einer anderen Hochzeit tanzen. Daher macht es auf jeden Fall Sinn, gleich nach Bekanntwerden des Hochzeitstermins ein Save-the-Date zu verschicken.

Diese Nachricht muss nicht mehr enthalten als die Information, dass das Brautpaar an diesem Tag heiraten wird und sich die Gäste den Termin schon einmal freihalten sollen. In welcher Form das Save-the-Date gestaltet werden soll, ist jedem selbst überlassen. Manche verschicken kleine Kärtchen. Eine kurze Benachrichtigung per E-Mail, SMS oder Telefon ist aber auch vollkommen ausreichend.

Einen Ort für die Feier finden

Die Suche nach einem geeigneten Ort für die Feier sollte ganz oben auf der Hochzeits-To-do-Liste stehen. Da die beliebtesten Locations bereits lange im Voraus ausgebucht sind, richten sich viele Brautpaare nach dem Terminplan des Veranstaltungsortes. Somit hängt nicht selten der Hochzeitstermin von der Wahl der Feierörtlichkeit ab.

Die Suche nach einem schönen Ort für die Hochzeitsfeier ist spannend, aber auch zeitintensiv. Viele denken zuerst an Restaurants und Festsäle. Manchmal gibt es aber auch schöne Orte, an die man vielleicht zuerst nicht gedacht hat, wie zum Beispiel eine Burg oder der städtische Zoo. Kreative Vorschläge kommen bestimmt gut an!

Als Traumzeugin...

...unterstützt du das Brautpaar, indem du Informationen zu interessanten Locations sammelst.

Du kannst dabei helfen, Besichtigungstermine zu vereinbaren und vorzubereiten. Biete deinen Freunden an, sie bei der Besichtigung zu begleiten, zu beraten und damit den perfekten Ort für die Feier ausfindig zu machen.

Doch was macht eine Location eigentlich perfekt? Nun, natürlich ist dies in erster Linie eine Geschmacksfrage. Oft sieht man einen Raum und weiß sofort: Das ist es. Hier ist selbstverständlich die Meinung des Brautpaars ausschlaggebend. Einige wünschen sich eine schlichte Location in einem Restaurant, andere träumen von einer Hochzeitsfeier im Märchenschloss. Manche wollen in urban-trendiger Stadtlage feiern und wieder andere freuen sich auf ein Fest auf dem Land.

Neben dem subjektiven ersten Eindruck gibt es jedoch auch einige allgemeine Kriterien, die ein guter Veranstaltungsort erfüllen muss. Als objektive Person ist die Trauzeugin besonders gut geeignet, den Veranstaltungsort auf diese Faktoren hin zu überprüfen:

Die richtige Lage

Idealerweise ist der Ort, an dem die Feier stattfinden soll, nicht allzu weit von der Kirche oder dem Standesamt entfernt, sodass sowohl Brautpaar als auch Gäste ihn schnell und einfach erreichen können. Falls die Locations weiter auseinander liegen, muss ausreichend Zeit zwischen den einzelnen Programmpunkten eingeplant werden.

Ein toller Job für die Trauzeugin ist es, eine Liste mit Hotels und Pensionen zu recherchieren und die Gäste, die von außerhalb kommen, bei der Suche nach einer Übernachtungsmöglichkeiten zu unterstützen. Idealerweise sucht das Brautpaar für die Feier einen Ort aus, der leicht zu finden ist und auch Parkmöglichkeiten in der Nähe bereithält. Dies sollte bei einer Traumlocation jedoch nur eine untergeordnete Rolle spielen.

Platz da?

Nach dem „Wo“ ist für die Auswahl eines Veranstaltungsortes für die Hochzeitsfeier das „Für wie viele“ besonders wichtig. Es versteht sich von selbst, dass eine Hochzeitsgesellschaft von 150 Personen nicht in ein Restaurant passt, das Platz für 40 bietet.

Wie viele Personen in einer Location Platz haben, weiß derjenige, der sie vermietet. Wenn es dann doch einmal einer, zwei oder auch acht Gäste mehr werden, ist dies in dem meisten Fällen nicht so tragisch. Oft gibt es auch Lösungen, bei denen nach dem Essen einige Tische abgebaut werden, um Platz für die Tanzfläche zu schaffen.

Mindestens genauso blöd wie eine zu kleine Location ist eine zu große. Wenn eine Handvoll Menschen in einer Turnhalle steht, fangen sie womöglich niemals an zu tanzen, weil sie sich beobachtet fühlen. Dicht gedrängt in einem kleinen Raum springt der Funke viel schneller über. Daher ist es für die Stimmung unheimlich wichtig, dass der Raum für die Feier nicht zu groß ist.

Tipp: Ein Vorhang sowie eine dezente Beleuchtung können den Raum optisch verkleinern und auf diese Weise eine vielleicht etwas zu große Wunschlocation doch noch passend machen.

Das Catering

Eng verbunden mit den Räumlichkeiten ist in der Regel auch die Auswahl der Gaumenfreuden. Falls das Brautpaar in einem Restaurant oder einer ähnlichen gastronomischen Einrichtung feiert, ist es klar, wo Essen und Getränke herkommen. Aber auch die Betreiber anderer Veranstaltungsorte verfügen in der Regel über ein Repertoire an Caterern, mit denen sie zusammenarbeiten. Daher ist die Entscheidung für oder gegen eine Location auch immer ein großes Stück weit an die Verpflegung gekoppelt.

Meist ist es so, dass die Anbieter für Hochzeiten bereits spezielle Menü- oder Büffetangebote ausgearbeitet haben, aus denen das Brautpaar dann das passende auswählt. Hier ist vor allem der Geschmack des Brautpaars entscheidend. Falls Vegetarier, Veganer oder Allergiker unter den Gästen sind, sollte das bei der Auswahl des Essens idealerweise berücksichtig werden, ebenso wie spezielle Kindergerichte.

Manche Brautpaare hadern damit, ob sie lieber ein Menü oder Buffet wählen sollen. Hier eine kleine Entscheidungshilfe: Ein Menü, bei dem die Kellner den Gästen die einzelnen Gänge nacheinander am Tisch servieren, wirkt natürlich sehr edel. Die Gäste müssen nicht Schlange stehen, was besonders älteren Personen sehr entgegen kommt.

Der Nachteil an der Menü-Option ist, dass meist mehr Personal gebraucht wird, was sich auf den Preis niederschlägt. Bei schlechter Organisation kann es außerdem passieren, dass die einen bereits ungeduldig auf ihr Steak warten, während die anderen gerade erst begonnen haben, an ihrer Suppe zu löffeln. Außerdem gibt es bei einem festgelegten Menü weniger Auswahlmöglichkeiten für die Gäste. Daher ist insbesondere bei größeren Hochzeitsgesellschaften ein Buffet mit Selbstbedienung oftmals die bessere Wahl.

Der Preis für das Essen wird eigentlich immer pro Person berechnet. Bei Getränken nicht unbedingt. Hier ist es nicht selten so, dass die Veranstalter die Getränke einzeln abrechnen. Dies ist aber eine denkbar schlechte Lösung. Zum einen, weil die Brautleute nicht wissen, welche Kosten am Ende wirklich auf sie zukommen und sie sich womöglich bei jedem Trinkspruch fragen, ob der sie wohl in den Ruin stürzt.

Zum anderen erfordert ein solches Arrangement ein unheimliches Vertrauen in den Veranstalter. Das Brautpaar hat nämlich keine Möglichkeit zu überprüfen, wie viele Getränke tatsächlich über die Theke gewandert sind. Der Veranstalter kann Getränke berechnen, die er nie ausgeschenkt hat, ohne dass es jemals auffallen würde.

Es ist daher ratsam, für die Getränke einen Pauschalpreis pro Person zu vereinbaren. Welche Getränke dies beinhaltet, sprechen Braut und Bräutigam dann im Vorfeld mit dem Veranstalter ab.

Wetterfest
Was bei der Suche nach einem Veranstaltungsort häufig unter den Tisch fällt, ist die Jahreszeit, zu der die Feier stattfinden soll. Wer möchte im August bei sonnigen 28 Grad in einem dunklen Gewölbekeller hocken? Hier wäre eine ebenerdige Location mit Zugang zu einer Terrasse oder einem Garten sicher netter. Anders herum macht eine Dezember-Hochzeit im luftigen Gartenpavillon wenig Sinn.

Doch egal, wann die Feier stattfindet, ideal wäre es, wenn es in jedem Fall die Möglichkeit gibt, an die frische Luft zu gehen. Und zwar am besten so, dass die Gäste draußen immer noch Teil der Gesellschaft sind, sie also nur durch einen kurzen Weg, eine Tür oder eine Glasscheibe vom Festsaal getrennt sind. Insbesondere wenn sich viele Raucher unter den Gästen befinden, verhindert dies die Gefahr, dass sich draußen eine Parallelparty entwickelt.

Die perfekte Hochzeitslocation...
- ist für Brautpaar und Gäste gut zu erreichen
- bietet ausreichend Platz für alle Gäste, ist aber auch nicht zu weitläufig
- ermöglicht es dem Brautpaar, Essen und Getränke nach seinen Wünschen auszusuchen
- passt zur Jahreszeit

Planung für die Zeremonie

Der Kernpunkt der Hochzeit ist die eigentliche Trauung in der Kirche oder auf dem Standesamt. Sie wird im Rahmen einer Zeremonie beschlossen, die aus einer Reihe vor Ritualen besteht. Diese sind von Kultur zu Kultur verschieden. Und auch innerhalb eines Kulturkreises gibt es viele Ausgestaltungsmöglichkeiten.

Als Traumzeugin...
...hast du dir nicht nur einen festen Platz in der Zeremonie gesichert.

Du kannst dem Brautpaar bereits im Vorfeld dabei helfen, die Zeremonie nach ihren Wünschen zu gestalten. So sorgst du dafür, dass die Trauung ein unvergesslicher Moment im Leben des Brautpaars wird.

Die Zeremonie auf dem Standesamt

Wer in Deutschland rechtskräftig verheiratet sein will, kommt um eine standesamtliche Trauung nicht herum. Leider lassen die meisten Standesämter von ihrer Außen- und Innengestaltung nur schwerlich festliche oder gar romantische Gefühle aufkeimen. Und auch der eigentliche Trauprozess gleicht an sich eher der Vertragsunterzeichnung zweier Geschäftspartner als einer feierlichen Liebesbekundung.

Aber natürlich gibt es auch Standesämter mit einem schönen, großzügigen Trauzimmer und Standesbeamte, die selbst für zwei ihnen vollkommen fremde Menschen ein paar rührende und feierliche Worte finden.

Am Ende liegt es auch daran, was das Brautpaar daraus macht. Manche Bräute erscheinen ganz schlicht im Hosenanzug auf dem Standesamt, mit ihrem Verlobten im Gepäck und sonst niemandem. Ja, niemandem: Denn für die standesamtliche Trauung sind heute nicht einmal mehr Trauzeugen notwendig.

Wie schade, denkst du jetzt. Aber vielleicht gehört „deine" Braut ja zu denen, die viel Wert auf eine liebevoll gestaltete standesamtliche Trauungszeremonie legt. Sie erscheint in einem speziell für die Zeremonie angeschafften Brautkleid light oder sogar in voller Brautmontur. Zusammen mit dem Bräutigam hat sie rund 20 Familienangehörige und Freunde eingeladen, die die Zeremonie mitsamt personalisierter Rede und musikalisch untermaltem Ringtausch aus der Nähe beobachten.

Auch hier gilt wieder das Prinzip: Alles kann, nichts muss. Sei nicht allzu enttäuscht, wenn das Brautpaar die standesamtliche Trauung ganz formlos ohne Zeugen vollziehen möchte. Vielleicht steigern sie damit die Vorfreude für eine große Zeremonie in der Kirche. Biete der Braut deine Unterstützung an und helfe ihr, die Zeremonie nach ihren Wünschen zu planen.

Die Zeremonie in der Kirche

Falls das Brautpaar auch kirchlich heiraten möchte, fällt diese Zeremonie in der Regel großzügiger aus. Hier gibt es im Vorfeld ein Traugespräch mit dem Pastor oder Priester. Hierbei sammelt der Geistliche Informationen über die Brautleute, zum Beispiel wie sie sich kennengelernt haben, wie ihr gemeinsames Leben aussieht und welche Zukunftspläne sie schmieden. Dieses Gespräch wird später die Grundlage seiner Rede während des Traugottesdienstes sein. Daher macht es Sinn, vorher zu überlegen, was man dem Geistlichen erzählen möchte.

Denn, nicht alle Kennenlerngeschichten könnten als Stoff für eine romantische Hollywood-Komödie dienen. Viele Beziehungen sind einfach im Suff aus einem One-Night-Stand auf der Uni-Party entstanden. So ist das Leben. Dennoch eignet sich diese Version vielleicht nicht unbedingt, um sie während der Trauung vor Oma, Schwiegermama und Gott in der Kirche zu erzählen.

Als Trauzeugin kannst du in solch einem Fall gemeinsam mit der Braut die Story etwas aufpolieren – wahrheitsgemäß natürlich. Vielleicht fokussiert ihr euch weniger auf den sechsten Gin Tonic, den die Braut an diesem Abend getrunken hat, sondern lieber darauf, was die Braut dachte, als sie ihren Zukünftigen zum ersten Mal sah. In welches Detail oder in welche Eigenschaft hat sie sich verliebt? Hier sind der Schilderungsfülle keine Grenzen gesetzt.

Ein weiteres, für die kirchliche Trauung wichtiges Detail ist der Trauspruch. Der Trauspruch ist ein Bibelzitat, das gewissermaßen das Motto für die Ehe vorgibt. Beliebte Trausprüche sind zum Beispiel der 1. Korinther 13,13 „Nun aber bleiben Glaube, Hoffnung, Liebe, diese drei; aber die Liebe ist die größte unter ihnen“ oder „Lasst uns aufeinander Acht haben und uns zur Liebe und zu guten Werken anspornen“ (Hebräer 10,24). Manche Brautpaare haben bereits vor langer Zeit einen Trauspruch ins Auge gefasst, andere hingegen sind weniger bibelfest.

Hier kannst du das Brautpaar mit schönen Vorschlägen bei der Suche nach einem geeigneten Trauspruch unterstützen. Dazu brauchst du nicht die ganze Bibel zu durchkämmen. Beliebte Trausprüche findest du zum Beiespiel im Internet – ebenso wie eine Liste mit Kirchenliedern, die zur Trauzeremonie passen. Auch diese werden im Vorgespräch mit dem Geistlichen festgelegt. Daher lohnt es sich, schon mal eine schöne Auswahl an Kirchenliedern parat zu haben. Auch hier ist das Brautpaar sicherlich für Input der Trauzeugin dankbar.

Neben Kirchenmusik vom Organisten besteht auch die Möglichkeit, eigene Musikwünsche zu erfüllen. Manche Brautpaare engagieren eine Band, ein Streichquartett oder einen Harfenspieler, um die Trauung musikalisch zu untermalen. Ob bestimmte Lieder gespielt werden, die das Brautpaar miteinander verbindet, oder ob der Musiker einfach aus seinem Repertoire passende Songs auswählt, sollte vorher bestimmt werden.

Rituale nach der Zeremonie

Nicht selten bringen sich Familienangehörige oder Freunde auch als Redner in die Zeremonie ein. Sie tragen entweder einen passenden Bibelvers, ein Gedicht oder eine eigene Rede vor.

> ***Als Traumzeugin…***
>
> … bist du die ideale Person, Vorträge und Überraschungen, die Hochzeitsgäste während oder nach der Zeremonie planen, zu koordinieren – insbesondere wenn sie als Überraschung für das Brautpaar gedacht sind.

Viele Menschen halten an traditionellen Bräuchen fest. So lassen sie das Brautpaar nach der Zeremonie zum Beispiel einen Baumstamm durchsägen, Kinderwäsche von einer Leine abhängen oder werfen Reis auf die Frischvermählten.

Nicht alle Brautpaare sind jedoch Fans solcher Traditionen. Und vor allem Bräuten graut es davor, in ihren schönen Kleidern körperlich anstregende Aufgaben zu erledigen. Daher ist es am besten, die Wünsche mit dem Brautpaar zu besprechen und als Ansprechpartnerin für die Gäste die Aktionen zu koordinieren.

Planung für die Feier

Nach der Trauzeremonie ist die Hochzeitsfeier ein weiteres Highlight, das gründlich vorbereitet sein will. Was soll passieren? Wer soll wo sitzen? Und welche Musik spielt im Hintergrund? Wieder gilt es, jede Menge Entscheidungen zu treffen. Als Trauzeugin hilfst du bei der Wahl und unterstützt das Brautpaar bei der Organisation.

Die Sitzordnung

Wenn der Veranstaltungsort und die aktualisierte Gästeliste (bestehend aus den Gästen, die zugesagt haben) feststehen, geht es darum, eine Sitzordnung zu erstellen.

Dies ist ebenso wie die Planung der Gästeliste nicht selten ein heikles Thema. Wer soll am Brauttisch sitzen? Wer soll neben wem sitzen? Und welche Gäste sollten so weit wie möglich von einander entfernt platziert werden? In vielen Familien schlummern unausgefochtene Konflikte und Streitigkeiten, die im Rahmen der Feier auszubrechen drohen – das gilt es auf jeden Fall zu vermeiden.

Eine feste Sitzordnung kann dazu beitragen, dass alle Gäste und natürlich auch das Brautpaar sich amüsieren. Als Trauzeugin kannst du hierauf ein Auge werfen und beim Erstellen der Sitzordnung helfen.

Um eine Sitzordnung zu erstellen, braucht es eigentlich nicht viel. Es ist möglich, in Form einer Flipchart Tische aufzumalen und Pins oder Fähnchen mit den Namen der Gästen an ihnen zu platzieren. Wer es lieber digital mag, kann eine solche Grafik auch am Computer erstellen. Eine einfache Liste, bei der die Gäste in Grüppchen unter die jeweiligen Tischnummern geschrieben werden, tut es jedoch auch.

Doch nun zur eigentlich spannenden Frage: Wer soll wo sitzen? Am sinnvollsten beginnt ihr bei der Planung der Sitzordnung mit dem Brauttisch. Hier sitzen in der Regel Braut und Bräutigam, die Trauzeugen mit ihren Partnern sowie die Eltern des Brautpaars. Das ist jedoch kein Muss. Aus Platzgründen oder weil es so gewünscht wird, landen die Eltern auch immer häufiger an einem Familientisch. Wie gesagt, das Brautpaar entscheidet.

Stichwort Familientisch: Meist wird die Verwandtschaft von Braut und Bräutigam je an einen oder mehrere Tische in der Nähe des Brauttisches platziert. Es hat sich bewährt, Menschen, die sich gut kennen und mögen, zueinander zu setzen.

Bei älteren Gästen ist es ganz gut, wenn sie von ihrem Sitzplatz aus sowohl das Buffet als auch die Toilette gut erreichen können und nicht unbedingt einen Platz eingepfercht an der Wand zugewiesen bekommen. Außerdem ist es schön, die älteren Gäste in die Nähe der Tanzfläche zu setzen, da sie eher noch sitzen bleiben, wenn alle zum Tanzen aufstehen. Mit einem guten Platz sind sie den ganzen Abend über ins Geschehen integriert.

Bei Freunden, Bekannten und Arbeitskollegen macht das Prinzip ebenfalls Sinn, Gäste zueinander zu setzen, die sich bereits kennen. Dies lässt sich um den Zusatz erweitern diejenigen an einen Tisch zu platzieren, die gut zueinander passen könnten.

Oft haben Brautpaare Freunde, die sich untereinander zwar nicht kennen, aber trotzdem auf ähnlicher Wellenlänge funken. Die Sitzordnung auf einer Hochzeit ist auch eine der wenigen guten Gelegenheiten, einsame Herzen durch gezieltes Platzieren zu verkuppeln. Ob es jedoch gleich ein ganzer Single-Tisch sein muss, ist fraglich. Wenn sie einander kennen, sollten Singles und Pärchen besser zusammen-gesetzt werden.

Eine weitere Herausforderung an die Sitzordnung sind Gäste mit Kindern. Bei vielen Feiern gibt es Kindertische, an denen die Kinder mit Gleichaltrigen sitzen und spielen können. Bei ganz kleinen Kindern macht es vielleicht mehr Sinn, die Kleinen bei ihren Eltern zu platzieren. Wenn mehrere Kinder zur Feier kommen, engagieren manche Brautpaare sogar ein Kindermädchen, das sich mit den kleinen Gästen beschäftigt.

Eine solche Kinderbetreuung für den Abend zu organisieren, ist auch eine schöne Aufgabe für die Trauzeugin.

Bei aller Planungsliebe gilt jedoch für die Sitzordnung: Nichts ist in Stein gemeißelt. Letztlich gelingt es nie, es wirklich allen Gästen recht zu machen. Es werden immer einzelne Personen mit Vorschlägen ankommen, wo sie doch lieber sitzen wollen. Aber die gilt es abzuwimmeln. Eine Sitzordnung wird niemals fertig sein, wenn jeder Gast auf seinen Wunschplatz besteht. Ein Trost für alle Beteiligten: Spätestens nach dem Essen sollen ja ohnehin alle aufstehen und auf die Tanzfläche stürmen. Da entwickelt sich im Laufe des Abends zunehmend eine freie Platzwahl.

Die Musik

Keine Feier ohne Musik. Egal, ob es klassisch gediegen zugehen oder die Bude so richtig gerockt werden soll: Die Musikauswahl trägt wesentlich zur Stimmung bei. Es hat schon Hochzeitsgesellschaften gegeben, die den ganzen Abend nicht in Gang gekommen sind, weil der DJ schlecht war. Anders herum kann eine gute Playlist auch die trübsten Tanzmuffel in Bewegung setzen.

Ob es ein DJ oder gleich eine ganze Band (oder sogar beides) sein soll, hängt vom Geschmack des Brautpaars ab und nicht zuletzt auch vom Budget.

Es lohnt sich, bei der Auswahl der Musiker auf Empfehlungen aus dem Bekanntenkreis zurückzugreifen. Für manche Hochzeitsbands oder DJs findet man auch Empfehlungen und Rezensionen im Internet. Aber auch die muss man differenziert betrachten. Manchmal hat ein DJ einfach nur nicht den Geschmack eines Gastes getroffen, der dann gleich einen enttäuschten Kommentar im Netz hinterlässt. Über die Qualität seiner Arbeit sagt das dann eigentlich nichts aus.

Was macht also einen guten Hochzeits-DJ aus? Der DJ und natürlich ebenso die Band sind Dienstleister, die für das Brautpaar arbeiten. Das bedeutet, dass sie die Musik spielen oder auflegen, die dem Brautpaar gefällt.

Daher ist es sinnvoll, wenn sich Braut und Bräutigam vorher mit dem DJ zusammensetzen und besprechen, welche Musik ihnen gefällt. Wenn auf einer Gothic-Hochzeit stundenlang Helene Fischer aus dem Lautsprecher trällert, ist niemandem geholfen, ebenso wenn tanzwütige Mittzwanziger durch klassische Musik von der Tanzfläche ferngehalten werden. Das Brautpaar sollte dem DJ deutlich sagen, welche Musikrichtung es bevorzugt und was am Hochzeitsabend gespielt werden soll.

Eine gute Musikauswahl zu treffen ist gerade für Hochzeiten nicht einfach, da hier meist ein sehr gemischtes Publikum zusammen feiern möchte. Ein guter DJ versucht daher auch immer, für jeden Geschmack etwas zu spielen. Um Enttäuschungen seitens des Brautpaars zu vermeiden, kann es jedoch Sinn machen, bestimmte Lieder konkret zu nennen, die auf jeden Fall gespielt werden sollten – und auch jene, die keinesfalls ertönen dürfen.

Es gibt Lieder, die manche Menschen einfach nicht ausstehen können, entweder, weil sie sie an etwas Unschönes erinnern (zum Beispiel an verflossene Beziehungen) oder weil sie ihnen einfach nicht gefallen. Eine solche „Totenkopf-Liste“ mit Tabu-Liedern anzulegen und dem DJ zu überreichen, schützt vor Ärgernissen.

Gastgeschenke erstellen

Besonders Trauzeuginnen, in denen eine Bastelfee schlummert, kommen nun voll auf ihre Kosten: In den vergangenen Jahren ist es immer mehr in Mode geraten, kleine Geschenketüten für die Gäste zusammenzustellen. Ähnlich wie damals die Souvenirtüten, die wir beim Kindergeburtstag bekommen haben, bescheren die Gastgeschenke eine nette Erinnerung an den Hochzeitstag.

Geschenketüten enthalten oft selbstgebastelte Karten mit Fotos vom Brautpaar und den Gästen. Dazu etwas Leckeres zum Naschen, ein Stück Traubenzucker oder ein Getränk, mit dem die Gäste die Wartezeit zwischen Zeremonie und Feier überbrücken können.

Die Gasttüten erfüllen auch einen praktischen Aspekt: Anfahrtsbeschreibungen zur Location, eine Übersicht über Tischnummern und die Sitzordnung sowie ein Programmheft sind hier ebenso gut aufgehoben wie eine kleine Stärkung für zwischendurch. Der Fantasie sind keine Grenzen gesetzt – und auch nicht dem Spaß, den du mit der Braut haben wirst, wenn ihr euch einen Nachmittag Zeit nehmt, die Gastgeschenke gemeinsam zusammenzustellen.

Als Traumzeugin...
...unterstützt du das Brautpaar bei der Organisation der Hochzeitsfeier. Du kannst die Brautleute beim Erstellen der Sitzordnung oder bei der Auswahl der Musik beraten und Dienstleister für sie koordinieren.

Ein schöne Aufgabe für die Trauzeugin ist das Zusammenstellen von Tüten mit Informationen, Snacks und kleinen Überraschungen für die Hochzeitsgäste.

Mission Brautkleid

Die Frage „Was ziehe ich an?“ spielt auf Hochzeiten eine ganz besondere Rolle. Und das gilt vor allem für die Braut. Denn sie wird (wahrscheinlich) nur einmal die Gelegenheit bekommen, ein Brautkleid zu tragen. Ganz ehrlich: Wer hat nicht schon einmal als Kind eine Tischdecke über den Kopf gezogen und Braut gespielt? Das Brautkleid ist für die Braut das ultimative Hochzeitssymbol. Es wird kaum einen Tag geben, an dem sie sich so weiblich und so glamourös fühlt wie an ihrem Hochzeitstag.

Egal, ob angehende Bräute nur eine vage Idee von ihrem Kleid haben oder sehr konkrete Vorstellungen, der Anspruch an dieses Kleidungsstück ist derselbe: Es soll perfekt sein. Das erzeugt einen unglaublichen Druck. Wer nach Perfektion strebt, hat oft mit Hindernissen zu kämpfen. Erwartungen werden enttäuscht, Verkäuferinnen angeschrien und zwischen Schleier und Tüll schon einmal die eine oder andere Träne vergossen. Und hier, liebe Trauzeugin, kommst du zum Einsatz.

Als Traumzeugin...
...unterstützt du die Braut bei der Suche nach ihrem Traumkleid und sorgst dafür, dass die Jagd nach der perfekten Garderobe zur einer freudigen Angelegenheit wird.

Eine Mammutaufgabe, ja, aber eine Leichtigkeit, wenn du über Insiderwissen verfügst und weißt, worauf es bei einem guten Brautkleid ankommt. Dieses Insiderwissen ist für dich und die Braut Gold wert.

Herausfinden, was gefällt

Als Trauzeugin bist du zusammen mit der Brautmutter wahrscheinlich die Begleitung erster Wahl, wenn es darum geht, ein Brautkleid auszusuchen. Freu dich: Es gibt kaum eine tollere Shopping-Gelegenheit – auch oder gerade wenn es nicht das eigene Brautkleid ist. Als Trauzeugin ist es deine Aufgabe, die Braut bei der Suche nach ihrem Kleid zu unterstützen. Das bedeutet in erster Linie, der Braut dabei zu helfen, ihren Geschmack zu definieren.

Am besten verschafft ihr euch mithilfe von Brautmagazinen zunächst einen Überblick, welche Arten von Kleidern zur Auswahl stehen. Ihr werdet überrascht sein, wie viele unterschiedliche Stile es gibt. Schneidet Bilder heraus von Kleidern, die der Braut gefallen und bringt sie mit ins Brautmodengeschäft. Je konkreter ihr bereits eine Vorstellung habt, desto leichter findet ihr DAS Kleid.

Der richtige Zeitpunkt

Wenn die erste verträumte Verlobungsphase vorbei ist, der Stichtag feststeht, die Location für die Feier ausgewählt und die ersten Brautmagazine durchforstet sind, beginnt die Hochzeit für das Brautpaar immer greifbarer zu werden. Vor allem bei den Frauen schärft sich zunehmend die Vorstellung, wie sie als Braut aussehen wollen. Und damit kommt bei vielen ein neuer Ansporn, sich für den großen Tag noch etwas in Form zu bringen. Einige entschließen sich zum Beispiel für eine neue Frisur, andere wollen noch ein paar Pfunde verlieren. Besonders letzteres führt in vielen Fällen dazu, dass die Suche nach dem Brautkleid noch ein wenig aufgeschoben wird. Aber bitte nicht zu lange.

Der Besuch im Brautmodengeschäft sollte mindestens drei bis vier, besser sechs Monate vor dem Hochzeitsdatum stattfinden. Denn was viele gar nicht wissen ist, dass die Geschäfte nicht jedes Modell in einer Vielzahl von Größen und Ausführungen vorrätig haben, sondern sie jedes Brautkleid einzeln in Auftrag geben.

Da die Kleider ziemlich teuer sind, werden sie in vielen Fällen nur auf Bestellung produziert. Und das dauert nicht selten zwei bis drei Monate. Vor allem wenn man bedenkt, dass das Brautkleidbusiness zum größten Teil ein Saisongeschäft ist und die meisten Bestellungen von Mai bis September fertiggestellt werden müssen. Wenn das Kleid dann geliefert wird, muss es im Rahmen einer Anprobe immer noch ein oder zwei Mal geändert werden, bis es der Braut auch wirklich perfekt passt. Da ist es besser, von vorneherein etwas Zeitpuffer einzuplanen.

Und noch ein Grund spricht dafür, in Sachen Brautkleid zeitig Nägel mit Köpfen zu schlagen: Das Brautkleid beeinflusst viele weitere hochzeitsbezogene Entscheidungen, die noch getroffen werden müssen. Allen voran die Garderobe des Bräutigams.

Die wenigsten Bräute tragen tatsächlich ein schneeweißes Kleid, auch wenn das auf den ersten Blick nicht zu erkennen ist. Eierschale, Elfenbein und Co. sehen beim kurzen Hinsehen aus wie Weiß. Doch im direkten Vergleich mit „richtigem Weiß“ wirken sie leicht schmutzig. Daher sollte der Bräutigam unbedingt ein Hemd tragen, das dem Farbton des Kleides seiner Bald-Ehefrau entspricht. Auch Blumenschmuck, Tischdekoration und Brautjungfernkleider werden häufig so ausgesucht, dass sie zum Brautkleid passen. Das Brautkleid steht also nicht nur im Mittelpunkt, sondern zeitlich gesehen auch am Anfang.

Als Traumzeugin…
…animierst du die Braut dazu, rechtzeitig einen Termin im Brautmodengeschäft auszumachen.

Und das ist manchmal gar nicht so einfach. Es scheint kaum vorstellbar, dass man die Braut hierfür tatsächlich anspornen muss.

Die meisten von uns können es kaum erwarten, endlich einmal in eines der tollen Brautmodengeschäfte einzukehren, vor denen wir bei unserem Einkaufsbummel sonst nur sehnsüchtig am Schaufenster kleben bleiben. Und sicher, die eine oder andere Braut hat schon einmal kurz nach ihrer Verlobung in einem Laden gestöbert, um ein wenig Hochzeitsluft zu schnuppern. Aber die Sache dingfest machen, also in ein Geschäft gehen, um am Ende die EC-Karte durch den Schlitz zu ziehen, das schieben viele Bräute auf. Warum? Gründe hierfür gibt es viele.

Wie bereits erläutert haben viele Frauen die Vorstellung von ihrem Brautkleid bereits jahrelang im Kopf. Nun muss diese Vorstellung der Realität standhalten. Sie fragen sich, was passiert, wenn sie ihr perfektes Kleid nicht finden. Oder sie sich ihr Traumkleid nicht leisten können.

Manchen Bräuten kommt zudem in den Sinn, dass sie selbst ihren Ansprüchen an die perfekte Braut nicht genügen. In ihrer Vorstellung kaufen sie ihr Brautkleid vielleicht drei Kleidergrößen kleiner als sie es eigentlich müssten.

So kann, wenn es denn Ernst wird, der Kauf eines Brautkleids mit vielen Ängsten behaftet sein. Und angstvollen Situationen gehen wir in der Regel so lange wie möglich aus dem Weg.

Wenn du also merkst, dass die Braut sich scheut, einen Termin fix zu machen, dann solltest du als Trauzeugin einmal nachhaken warum dies so ist. Höre dir die Ängste deiner Freundin an, signalisiere ihr, dass du sie verstehst. Versichere ihr, dass es für jedes Budget und jede Figur ein passendes Kleid gibt.

Im Brautmodengeschäft

Ihr habt zusammen Hochzeitsmagazine durchforstet, Inspirationen gesammelt und euch für einen Nachmittag verabredet? Prima! Dann wird es jetzt Zeit, einen Termin im Brautmodengeschäft auszumachen.

Jede Braut wünscht sich eine liebevolle Betreuung und kompetente Beratung durch eine Verkäuferin. Das geht nur, wenn ihr euch vorher anmeldet. Die meisten Brautgesellschaften möchten einen Termin am Samstag. Um euren Wunschtermin zu bekommen, solltet ihr also besser schnell sein.

In Brautmodengeschäften gibt es großzügige Umkleidekabinen und Sitzecken für die Beraterinnen. Diese Sitzecken werden jedoch leicht überbevölkert. Klar, die Braut möchte diesen aufregenden Tag gerne mit vielen Menschen teilen. Das kann schnell in die Hose gehen.

Zum einen leidet die elegante Atmosphäre wenn zu jeder Braut im Geschäft noch zehn weitere Frauen durcheinander schnattern. Zum anderen werden Entscheidungen nicht leichter getroffen je mehr Menschen daran beteiligt sind. Viele Begleiterinnen verunsichern die Braut nur, anstatt sie darin zu bestärken, sich für ihr Kleid zu entscheiden.

Daher empfehlen Brautmodengeschäfte ihren Kundinnen nicht mit mehr als zwei, allerhöchstens drei Begleiterinnen zu kommen. In der engeren Auswahl bist sicherlich du als Trauzeugin und oft die Brautmutter, die wahrscheinlich sogar das Kleid bezahlt. Denkt daran: Kleiner macht's feiner. Je weniger Beraterinnen beteiligt sind desto leichter und stressfreier findet ihr das Kleid. Und in kleiner Runde wird dieser Tag zu einem ganz besonderen Erlebnis.

Eine Auswahl treffen

Ihr seid also in kleiner Runde zum verabredeten Termin im Brautgeschäft erschienen. Nun wird sich eine Verkäuferin persönlich um euch bzw. um die Braut kümmern. Ihre erste Frage an die zukünftige Braut wird sein, ob sie schon konkrete Vorstellungen hat, wie ihr Kleid aussehen sollte. Im besten Fall beantwortet sie die Frage im Geiste der anstehenden Hochzeit mit einem selbstbewussten „Ja“.

Profi-Bräute (und deren Trauzeuginnen) benutzen souverän Ausdrücke wie A-Linie, Mehrjungfrauenschnitt oder herzförmiges Dekolletee, um ihre Traumkleider zu beschreiben. Außerdem haben sie Ausschnitte aus Hochzeitsmagazinen oder sogar Katalogbilder mit Artikelnummern von Kleidern aus den Kollektionen der Brautkleidermarken parat, die in diesem Geschäft vertreten sind.

Die Verkäuferinnen freuen sich über Bräute, die wissen, was sie wollen. Das erleichtert es ihnen, das richtige Kleid für ihre Kundinnen zu finden. Es hilft ungemein, die Vorstellungen über das Brautkleid im Vorfeld genau mitzuteilen. Denn bei der riesigen Auswahl an unterschiedlichen Kleidern, können diese Vorstellungen schnell zwischen Spitze, Tüll und Glitzersteinchen verloren gehen.

So etwas passiert selbst den durchorganisiertesten Bräuten. Eine Freundin von mir arbeitet im Controlling. Den Überblick zu behalten und schnelle, rationale Entscheidungen zu treffen, gehört zu ihrem Tagesgeschäft. Diese Eigenschaften zahlten sich natürlich auch bei der Hochzeitsplanung aus.

Und so kamen wir, als sich ihr Hochzeitstag näherte, gut vorbereitet im Brautladen an. Wie bei den meisten Dingen im Leben hatte sie auch bezüglich ihres Brautkleides ganz genaue Vorstellungen: Schlicht sollte es sein, elegant, ohne viel Tüll oder Strass. Auf jeden Fall aber sollten die Schultern bedeckt sein, da sie in einer katholischen Kirche heiraten würde und alles andere für unpassend hielt. Sie hatte sich sogar im Internet bereits ein ganz bestimmtes Kleid herausgesucht, das sie gerne anprobieren wollte. Die Verkäuferin suchte ihr das Kleid heraus und dazu noch ein paar andere.

Im Nachhinein war es wohl der Fehler der Verkäuferin, dass sie zu viele unterschiedliche Kleider herausgesucht hatte. Meine Freundin, sonst so entscheidungsfreudig, probierte ein Kleid nach dem anderen an.

Zuerst das, was sie im Internet gefunden hatte. Das war im Geschäft jedoch nur in einer Größe vorrätig, die ihr nicht passte. Dann eines mit asymmetrischem Schnitt, eines komplett aus Spitze, eines mit Tüll und Reifrock. Jedes Kleid wurde kommentiert mit „ist auch schön". Aber, „ist auch schön" ist so eine Sache. Hochzeitskleider fast sind immer schön. Insbesondere wenn diejenige, die das Kleid trägt, so schlank ist wie meine Freundin. Wenn jedoch alle schön sind, ist es am Ende keines. Oder zumindest nicht besonders.

Daher führte die allgemeine Bestätigung am Ende zur kompletten Zerstreuung und es stand am Ende sogar ein schulterfreies Kleid zur Auswahl, das die Braut im Vorfeld eigentlich ganz klar zum No-go erklärt hatte.

Und hier, liebe Trauzeugin, bist du gefragt. In Situationen wie diesen, in denen scheinbar alles aus dem Ruder läuft, solltest du den Überblick behalten und daran erinnern, was die Braut ursprünglich gesucht hatte. Klar, die Meinung ist nicht in Stein gemeißelt und kann sich durchaus noch mal ändern. Aber verlieren sollte sich die Braut bei ihrer Suche nicht.

Das Budget

Neben der Frage, wie das Kleid aussehen soll, steht gleich die Frage, wie viel es kosten darf. Egal, ob die Braut ihr Kleid selbst bezahlt oder finanzielle Zuschüsse bekommt, das Budget sollte unbedingt vor dem Besuch im Brautmodengeschäft festgelegt werden. Eine gute Verkäuferin wird die Braut gleich zu Anfang nach dem Budget fragen und ihr nur Kleider zeigen, deren Preis im finanziellen Rahmen liegt.

Es gibt bereits Brautkleider für 100 Euro. Nach oben hin sind keine Grenzen gesetzt. Der Preis für ein Brautkleid richtet sich nach der Marke, den Materialien und danach, wie aufwendig es verarbeitet wurde. Kleider mit Spitze, Stickereien, Steinen und vielen kleinen Elementen, die per Hand aufgenäht werden, sind in der Regel teurer als ganz schlichte Kleider.

Doch keine Sorge, es gibt schöne Kleider unterschiedlicher Stilrichtung in jeder Preisklasse. Sicherlich wird die Braut gerne in ihr besonderes Kleid investieren und einen ordentlichen Teil vom Hochzeitsbudget dafür abzwacken. Verschulden sollte sie sich jedoch nicht. Daher ist es sinnvoll, ein Budget zu planen, das zur Not noch etwas Platz nach oben lässt. Denn: Erfahrungsgemäß wird das Hochzeitsbudget immer ein wenig überschritten.

Wenn die Braut das perfekte Kleid gefunden hat, das sie liebt und in dem sie sich am aller wohlsten fühlt, sollten ihr 100 Euro mehr oder weniger nicht im Wege stehen. Ganz ehrlich, wenn sie nur aus Prinzip ein anderes Kleid wählt, das genau im Budget liegt, wird sie das später bestimmt bereuen.

Am Hochzeitstag will sie nicht „Ja" sagen in einem Kleid, das nur zweite Wahl war. Sie wird wahrscheinlich nie wieder die Chance bekommen, ein Brautkleid zu tragen. Und dann sollte sie damit 100-prozentig zufrieden sein.

Sollte es also unter den Beraterinnen Budgetnörgler geben, ist es deine Aufgabe als Trauzeugin, die Braut in ihrem Bauchgefühl zu bestärken. Wenn bei der Wahl zwischen einem 1.300 Euro- und einem 1.500-Euro-Kleid aus Budgetgründen das Kleid gekauft wird, mit dem die Braut nicht glücklich ist, dann sind die 1.300 Euro auch zum Fenster herausgeschmissen.

Das perfekte Kleid

Der Stil ist festgelegt, das Budget auch, es gibt sogar einen Favoriten – doch woran erkenne ich nun das perfekte Kleid? Aus meiner eigenen Erfahrung als Braut und Brautkleid-Beraterin bin ich davon überzeugt, dass die Braut bei der ersten Anprobe bereits weiß, dass dieses bestimmte Kleid IHR Kleid ist.

Ende, aus und gut? Leider nein. Denn obwohl die Braut sicher beim ersten Mal bereits spürt, dass es ihr Kleid ist, bedeutet das nicht, dass sie dieses Kleid auch sofort kauft. Ich selber habe noch vier weitere Kleider angezogen und war sogar noch in einem anderen Geschäft, nachdem ich mein Kleid eigentlich schon gefunden hatte – nur, um meine Entscheidung zu bestätigen.

Viele Bräute hören auch gar nicht so stark auf ihr Bauchgefühl, weil sie es gewohnt sind, mit dem Kopf zu entscheiden. Als Trauzeugin kannst du der Braut helfen, Kopf und Bauch in Einklang zu bringen. Denn es gibt auch objektive Faktoren, an denen sich das perfekte Hochzeitskleid messen lässt:

- **Die Braut sind darin gut aus:** Das perfekte Kleid lässt sie schlank aussehen, passt zum Teint der Braut und ihrer Haarfarbe. Es schmeichelt ihrer Figur, hebt die Vorzüge der Braut hervor und kaschiert Problemzonen.

- **Es sitzt perfekt:** Ein Brautkleid muss – mit Ausnahme bestimmter Modelle – eng am Körper sitzen, damit es in Form bleibt. Aber nicht zu eng, als dass es unbequem ist oder die Braut keine Luft mehr bekommt. Die Braut kann in ihrem Kleid tanzen und winken, ohne dass die Brüste heraus purzeln oder das Kleid an einer Stelle einschnürt oder gar reißt. Es gibt keine lockeren Träger, die herunterrutschen, oder ähnliche Schwachstellen, an denen die Braut den ganzen Tag zuppeln muss.

- **Es kaschiert kleine Makel:** Einige Kleider lassen die Braut optisch älter aussehen – Vorsicht etwa bei Spitze! Tattoos oder ähnliche Merkmale können durch entsprechende Schnitte entweder dezent versteckt oder bewusst in Szene gesetzt werden.

- **Es passt zum Rahmen:** Das perfekte Hochzeitskleid sollte zum Veranstaltungsort passen. Für die feierliche Zeremonie in einer katholischen Kirche braucht es ein anderes Kleid als für eine Strandhochzeit. Es gibt für jeden Rahmen ein traumhaftes Kleid – die Kunst ist, es entsprechend auszuwählen.

Krisen gekonnt meistern

Die Trauzeugin ist auch da, um Krisenherde bei der Suche nach dem perfekten Brautkleid zu löschen. Mit diesen Situationen könntest du konfrontiert werden – so handelst du richtig:

Was tun, wenn...

...sich die Braut nicht für ein Kleid entscheiden kann?

Ein Brautkleid ist ein einmaliger Kauf, die Braut sollte zu 100 Prozent zufrieden mit ihrem Kleid sein. Wenn sie sich nicht für ein Kleid entscheiden kann, ist es das Beste, erst einmal nach Hause zu gehen und ein paar Nächte darüber zu schlafen. Meistens festigt sich die Entscheidung für oder gegen ein Kleid über Nacht. Falls nicht, könnt ihr euer Glück in einem anderen Brautmodengeschäft versuchen.

...zu viele Angehörige zum Kleiderkauf mitkommen wollen?

Es hilft der Braut nicht, wenn sie aus Nettigkeit oder Pflichtgefühl alle mitnimmt, die gerne einmal in ein Brautmodengeschäft wollen. Als Trauzeugin kannst du sie unterstützen und klar kommunizieren, dass das Geschäft nur zwei Begleiterinnen pro Braut zulässt. In der Not wird aus einer Richtlinie eben eine Regel.

...die Verkäuferin unfreundlich ist?

Für die Braut ist die Kleidersuche ein ganz besonderes Ereignis und sie erwartet zu Recht, dass sie im Brautmodengeschäft hilfsbereit und freundlich bedient wird. Schließlich wird sie auch eine ordentliche Stange Geld in diesem Laden lassen.

Allerdings kommt es auch vor, dass die Erwartungen der Brautgesellschaft der Realität nicht standhalten. So gibt es, anders als in vielen Hollywoodfilmen gezeigt wird, nur in wenigen Brautgeschäften tatsächlich Champagner für die Brautgesellschaft. Und an Samstagen zur Hochsaison kann es in den Brautläden schon einmal ziemlich hektisch zugehen.

Nichtsdestotrotz: Wenn die Verkäuferin wirklich unfreundlich erscheint, frag sie am besten, ob heute ein schlechter Tag ist. Falls sich ihre Laune nicht bessert, müsst ihr vielleicht in einem anderen Geschäft suchen.

...die Brautmutter die Suche boykottiert?

Das soll es auch geben. Mutter und Tochter haben unterschiedliche Vorstellungen davon, wie das perfekte Brautkleid auszusehen hat. Die Brautmutter kann mit der aktuellen Mode vielleicht nicht viel anfangen oder findet das von der Braut favorisierte Kleid viel zu aufreizend. Eine schwierige Situation, insbesondere, wenn es die Mutter ist, die das Brautkleid bezahlt. Hier gilt die Grundregel: Das Kleid muss in erster Linie der Braut gefallen.

Falls die Brautmutter ihre Tochter zunehmend verunsichert, kannst du als Trauzeugin die Situation diplomatisch lösen. Erinnere die Braut und die Beraterinnen daran, nach welchem Kleiderstil ursprünglich gesucht wurde. Überzeuge Braut und Mutter davon, dass es das Wichtigste ist, ein Kleid zu finden, in dem sich die Braut wohlfühlt. Es ist schließlich ihre Hochzeit.

...das Kleid, auf das die Braut ihre Augen geworfen hat, ihr nicht steht?

Eine ganz heikle Situation, die viel Fingerspitzengefühl erfordert. Es kommt nicht selten vor, dass das Traumkleid aus dem Katalog angezogen so gar nicht mehr traumhaft aussieht.

Klar, die Bräute im Katalog sind gertenschlanke Models, denen jedes Kleid steht. Wer jedoch nur ein bisschen von den Modelmaßen abweicht, muss schon genauer hinschauen, für welches Modell er sich entscheidet. Insbesondere eng anliegende Kleider und Meerjungfrauenschnitte sind nicht für jede Figur geeignet.

Als Trauzeugin bist du verpflichtet der Braut zu sagen, wenn ein Kleid ihr gar nicht steht – und das möglichst so, dass keine Tränen kullern.

Anstatt an ihrer Figur herumzumäkeln, bestärke sie positiv darin, ein anderes Kleid zu nehmen: Bemerkungen wie „Ich fand, dass das andere Kleid noch besser saß“ oder „Das Kleid ist sehr schön, aber ich habe den Eindruck, dass du dich in dem Kleid nicht vollkommen wohl fühlst“ helfen euch galant aus der Situation heraus.

Als Traumzeugin…

…unterstützt du die Braut auf der Suche nach dem perfekten Brautkleid.

Du hilfst ihr dabei, ihren eigenen Stil zu finden, berätst sie in ihrem Interesse und gibst ehrliches Feedback, ob ihr ein Kleid steht oder nicht.

Der Junggesellinnenabschied

Keine Frage: Für viele Bräute, Freundinnen und natürlich auch die Trauzeugin selbst gehört der Junggesellinnenabschied zu den absoluten Highlights der Vor-Hochzeitsrituale.

Die Tradition, Singles in den Bund der Ehe zu verabschieden, ist uralt. Der erste Junggesellenabschied soll bereits im antiken Griechenland stattgefunden haben. In England hat sich diese Tradition in Form von „Stag-Night“ (Hirsch-Nacht) für die Männer und „Hen-Party“ (Hühner-Party) für die Frauen etabliert. In den USA ist der Brauch der Bachelor- bzw. Bachelorette-Partys äußerst beliebt – spätestens seit dem Film „Hangover“ sogar legendär.

Und auch nach Deutschland ist dieser Trend erfolgreich herübergeschwappt. Wer das nicht glaubt, muss nur mal an einem Samstag im August über die Hamburger Reeperbahn spazieren. Ihr schafft keine hundert Meter ohne mindestens einer JGA-Gesellschaft zu begegnen. Das zeigt auch, worum es heutzutage bei den meisten Bachelor- und Bachelorette-Partys geht: feiern, feiern, feiern.

Die Sankt-Pauli-Ausgabe des Junggesellinnenabschieds besteht aus einer Gruppe angeschickerter Mädels. In der Mitte eine mit Schleier kostümierte Braut, die kleine Aufgaben erfüllen muss oder einen Bauchladen mit Schnäpsen zum Verkauf anbietet.

Diese Trinken-Tanzen-Taumeln-Version ist aber natürlich kein Muss. Es gibt eine ganze Bandbreite an Unternehmungen, die Frauen an ihrem Junggesellinnenabschied veranstalten können. Die Kunst ist es, die für die Braut passende zu finden.

Als Trauzeugin bist du bei der Veranstaltung und Koordination des Junggesellinnenabschieds an vorderster Front. Alle Augen sind auf dich gerichtet, wie gut oder schlecht der Abend verläuft und ob Braut und Gäste mit lachenden oder weinenden Augen nach Hause gehen, hängt allein von dir ab.

Nervös? Brauchst du nicht sein. Denn es hat einen Grund, warum du die Trauzeugin bist: Du bist die Person, die die Braut am besten kennt. Die Braut vertraut dir, weil sie überzeugt ist, das du am besten weißt, was ihr gefällt und was nicht. Und – gepaart mit ein bisschen Organisationsgeschick und den folgenden Tipps – rüstet dich dieses Vertrauen perfekt für deine Aufgabe als JGA-Planerin.

Ideen für den Junggesellinnenabschied

Was ihr zum Junggesellinnenabschied veranstaltet, hängt von der Anzahl der Gäste, dem Budget und natürlich von den Vorlieben der Braut ab. Der erste Schritt bei der Planung des Junggesellinnenabschieds ist es daher zu überlegen, was ihr unternehmen wollt. Die Möglichkeiten sind schier unendlich. Am Ende gilt es etwas zu finden, dass der Braut Spaß macht.

Manche Bräute wollen einfach nur ausgelassen feiern und Spaß haben. In diesem Fall kannst du eine Tour durch die Clubs und Diskos planen. Je nachdem wie gerne sich die Braut freizügig gibt, kommen auch ein Besuch im Frauen-Stripclub oder eine Dildo-Party infrage. Wenn es eleganter sein soll, plant ihr zum Beispiel ein Dinner in einem edlen Restaurant, einen Casino-Abend oder eine Limousinen-Rundfahrt mit Stopp in einer Champagner-Bar.

Outdoor-affine Bräute freuen sich über einen Campingausflug, eine Paddel- oder Radtour mit gemeinsamem Picknick im Anschluss. Actionfreundinnen haben bestimmt Spaß an Events wie Bogenschießen, Eislaufen, Inlinescaten, Paintball-Schlachten oder einem Besuch im Freizeitpark.

Wenn die Braut zu denen gehört, die es lieber etwas ruhiger mögen, dann wäre ein Wellness-Tag vielleicht genau das Richtige. Entspannen in einer Therme oder einem Spa mit Massage, vielleicht mit anschließender Kosmetikbehandlung, stimmt die Braut auf ihren großen Tag ein.

Auch Bastelabende, gemeinsame Koch-, Back- oder Schmuckkreationskurse zählen zu den ruhigeren JGA-Aktivitäten. Es kann aber auch schön sein, ohne großen Eventdruck einfach mit ein paar Freundinnen zusammenzusitzen, lecker zu essen und einen tollen Abend zu verbringen. Erlaubt ist, was (der Braut) gefällt.

Falls du dir nicht ganz sicher bist, was der Braut gefallen würde, dann scheue dich nicht, sie zu fragen – ganz offen oder unauffällig hintenherum. Das verdirbt auch nicht die Laune, im Gegenteil: Um jeden Preis eine Überraschung zu wahren, ist nicht so wichtig, wie eine Enttäuschung zu vermeiden.

Die Gästeliste

Dir ist eine absolut geniale Idee für den perfekten Junggesellinnenabschied eingefallen, bei dem die Braut vor Freude ausrasten wird? Großartig. Nun gilt es, diese Idee auf ihre Umsetzbarkeit hin abzuklopfen. Das erste Kriterium hierfür ist die Größe der JGA-Gesellschaft. Mit drei Leuten um die Häuser zu ziehen, macht vielleicht nicht so viel Spaß. Ebenso wird es vielleicht etwas anstrengend, zwanzig Leute in eine Kosmetikbehandlung zu schicken. Die meisten Aktivitäten lassen sich jedoch mit einer Anzahl von vier bis acht Teilnehmern gut umsetzen.

Wer am Ende eine Einladung bekommt, entscheidet am besten auch die Braut. Es gibt Trauzeuginnen, die ihre Braut überraschen möchten und selbst einen Schwung Mädels einladen. Das ist jedoch sehr riskant. Vielleicht übersiehst du so eine Person, die der Braut wichtig gewesen wäre.

Anders herum lädst du vielleicht jemanden ein, mit der die Braut gerade ein wenig im Klinsch liegt. So etwas kann schnell den ganzen Abend ruinieren. Bevor du also selbst auf der roten Liste der Braut landest, ist es besser, sie um eine Gästeliste zu bitten. Dies hat auch einen weiteren Vorteil: Falls einer der geladenen Gäste darauf besteht, dass unbedingt noch Person XY eingeladen werden muss, kannst du schlicht abwinken. Die Gästeliste stammt von der Braut und die hat auf Hochzeiten bekanntlich immer Vorrang.

Es kann sein, dass es der Braut nicht leicht fällt, eine Gästeliste zu schreiben. Ähnlich wie bei den Einladungen für die eigentliche Hochzeit kann auch die JGA-Gästeliste zu einem wahren Politikum werden. Da stellt sich nicht nur die Frage: „Wen möchte ich einladen?“, sondern vielleicht auch „Wen muss ich einladen?“ Nicht selten folgen darauf Abwägungen wie „Wenn ich Person X einlade, muss Person Y auch kommen“. Und so entsteht schnell eine Liste mit zehn Leuten, von denen die Braut vielleicht vier eigentlich gar nicht dabei haben möchte.

Als Trauzeugin ist es auch deine Aufgabe, die Braut in ihrem Interesse zu beraten. Niemand hat etwas davon, jemanden mitzunehmen, der vielleicht einfach gar nicht feiern gehen mag und auch nicht damit hinterm Berg hält. Eine kleine, homogene Gruppe ist besser als ein Rudel voller Streithennen.

Ein Hahn im Korb

Wie der englische Begriff „Hen-Party“ beschreibt, besteht eine JGA-Gesellschaft in der Regel aus einer Gemeinschaft gackernder Hühner. Was jedoch, wenn sich ein Hahn auf die Gästeliste verirrt?

Es gibt Frauen, deren beste Freunde nun mal männlich sind. Bedeutet das, dass sie sie von ihrem eigenen Junggesellinnenabschied ausschließen müssen?

Hierzu gibt es geteilte Meinungen. Ich würde jedoch sagen, dass es nicht per se verboten ist, Männer einzuladen. Es kommt auch immer ein bisschen auf die Männer an. Wenn der Hahn im Korb damit leben kann, eben der einzige Hahn zu sein, und vielleicht sogar einen Tag lang Spaß daran hat, Mädels-Sachen zu machen – warum nicht?

Vielleicht bist du ja sogar die Trauzeugin eines Mannes und sollst seinen Junggesellenabschied ausrichten. In diesem Fall überlegst du vielleicht, ob du die Richtige für diese Aufgabe bist. Das kannst nur du allein entscheiden. Wenn es für den Bräutigam ok ist, spricht nichts dagegen, dass du die „Stag-Night“ organisierst und dabei auch anwesend bist.

Dann musst du natürlich damit rechnen, an diesem Abend nicht immer die besten Seiten des anderen Geschlechts mitzuerleben. Falls du dich bei dieser Aufgabe unwohl fühlst oder befürchtest, dich nicht genug in den „Männerkopf“ hineindenken zu können, um dem Bräutigam den schönen Abend zu bescheren, den er verdient, solltest du dies offen ansprechen. Sicher findet der Bräutigam einen Ersatzmann, der dich für diesen Abend als Trauzeugin vertritt.

Einen Termin finden

Die nächste Herausforderung bei der Planung des Junggesellinnenabschieds wird es sein, einen passenden Termin zu finden. In den USA ist es oft üblich, die Bachelor- bzw. Bachelorette-Party am Vorabend der Hochzeit zu veranstalten. Davon würde ich jedoch abraten. Wer möchte schon vollkommen verkatert (und verkatert aussehend) auf seiner eigenen Hochzeit erscheinen?

Daher halten es die meisten Brautpaare hierzulande so, dass sie den Junggesellenabschied eine, zwei oder auch drei Wochen vor der Hochzeit feiern. So haben die Feierwütigen noch genügend Zeit, um sich zu regenerieren und auf die nächste Feier zu freuen.

Der Termin für den JGA sollte in erster Linie der Braut und in zweiter Linie dir gut passen. Hierfür solltet ihr euch am besten vorher absprechen. Bitte die Braut, dir einen oder zwei konkrete Terminvorschläge zu nennen. Diese nennst du dann den anderen Gästen.

Ein beliebter Fehler ist es, die gesamte JGA-Gemeinschaft zu fragen, wann es ihnen gut passen würde. Bei zehn Gästen bekommst du dann zehn unterschiedliche Termine. So hart es sich anhört, doch die Planung eines Junggesellinnenabschieds ist keine basisdemokratische Entscheidungsfindung, sondern eine Diktatur, in der es einzig und allein um den Willen der Braut geht. Und dieser wird durch dich vertreten. Alle anderen Gäste sollten sich danach richten.

Wer also zu einem der genannten Termine partout nicht kommen kann, auf den müsst ihr dann eben leider verzichten. Falls jedoch zu viele Gäste aus wirklich guten Gründen absagen, müsstest du dir in Rücksprache mit der Braut eventuell einen neuen Termin überlegen.

Ziel sollte es natürlich sein, dass möglichst alle Wunschkandidaten der Braut mit ihr feiern können. Je frühzeitiger du mit der Planung beginnst, desto höher ist die Wahrscheinlichkeit, dass alle Gäste sich den geplanten Termin freihalten können.

Und auch in Hinblick auf den Ort und die Art der Feier ist es wichtig, früh dran zu sein – insbesondere wenn ihr eine größere Gruppe seid. Aktivitäten, für die man Eintrittskarten braucht, haben zum Beispiel oftmals nur ein geringes Kontingent. Wer nicht rechtzeitig bucht, bekommt vielleicht nicht mehr genügend Tickets. Außerdem sind die Wochenenden in der Hochzeitssaison von Mai bis September für Junggesellenabschiede besonders beliebt. Wenn du also auf Nummer Sicher gehen möchtest, beginnst du mit der Planung möglichst mehrere Monate vor dem anvisierten Termin.

Der Junggesellinnenabschied bietet für die Braut in spe die Gelegenheit, vor der Hochzeit noch einmal so richtig die Sau rauszulassen. Das Gleiche gilt für den Bräutigam. Da wäre es ungünstig, wenn sich Braut und Bräutigam zufällig treffen. Falls also die beiden Junggesellenabschiede am gleichen Tag stattfinden, sprichst du dich am besten kurz mit dem Trauzeugen des Bräutigams ab, um unangenehme Überraschungen zu vermeiden.

Es ist natürlich auch möglich, die Braut mit einem Junggesellinnenabschied zu überraschen. Falls du das vor hast, solltest du einen Termin mit dem Bräutigam absprechen. Er wird dann das Wo-chenende mit einer Schein-Veranstaltung zum Ablenken für euch blocken.

Ortswechsel erwünscht?

Wenn du bereits eine Idee erarbeitet hast, was ihr zum Junggesellinnenabschied veranstalten wollt, stellt sich noch die Frage, wo dies am besten stattfinden soll. Viele Unternehmungen wie ein Konzert- oder Kasinobesuch werden von vorneherein ortsgebunden sein. Andere sind es nicht.

Es spricht vieles dafür, den JGA im Wohnort oder zumindest in Wohnortnähe der Braut zu veranstalten: Hier wohnen wahrscheinlich die meisten Gäste, es gibt kurze Anfahrtswege und es fallen keine zusätzlichen Kosten für die Übernachtung an. Idealerweise wohnst auch du in dieser Stadt und sparst im Vorfeld viel Zeit und Kosten bei der Planung.

Es kann jedoch auch schön oder für manche Unternehmungen sogar notwendig sein, den Wohnort zu verlassen. Tages- und Wochenendausflüge ans Meer, in die Berge oder sogar ins Ausland werden immer beliebter. Sie bieten einmalige Erinnerungen – treiben jedoch auch das Budget in die Höhe.

Außerdem benötigst du wahrscheinlich mehr Zeit für die Planung und die gesamte JGA-Gesellschaft inklusive der Braut muss sich vielleicht einen weiteren Tag freihalten. Wenn dies für dich kein Problem ist, gilt es nur noch auszuloten, wie die Braut darüber denkt. Das kannst du entweder selbst einschätzen oder indirekt erfragen. Wenn die Braut es liebt, am Strand zu liegen oder neue Städte zu erkunden, wäre dies vermutlich genau das Richtige. Leidet die Braut allerdings unter Flugangst und hat sie das Gefühl, aufgrund der Hochzeitsvorbereitungen ohnehin kaum zu Hause zu sein, fällt die Wochenendtrip-Idee wohl eher ins Wasser.

Falls du dich dafür entscheidest, den JGA im Wohnort der Braut zu veranstalten, musst du nur noch an die Gäste denken, die von außerhalb kommen. Vielleicht hat die Braut alte Schul- oder Studienfreunde aus ihrem Heimatort eingeladen, die natürlich irgendwo übernachten müssen. Ein Hotel oder eine Pension sind oft nicht nur teuer, sondern auch sehr unpersönlich. Eine tolle Alternative wäre es, eine Pyjama-Party zu veranstalten, bei der ihr alle bei einer von euch übernachtet.

Das Budget

Money makes the world go round – das lässt sich auch bei Junggesellinnenabschieden deutlich spüren. Je nachdem, was ihr veranstaltet, kann schon einmal ein hübsches Sümmchen für jeden Teilnehmer dabei drauf gehen. In der Regel sind es so 50 bis 150 Euro pro Person – bei Ausflügen mit Übernachtung und Wochenendtrips noch deutlich mehr. Nach oben gibt es keine Grenze, es sei denn, du setzt sie.

Und das musst du auch tun. Denn sonst passiert es schnell, dass das Thema Geld bereits im Vorfeld und – was noch schlimmer wäre – am Tag des Junggesellinnenabschieds zum Streitpunkt wird.

Wer übernimmt die Kosten für den Junggesellinnenabschied? Die Antwort: Alle, die daran teilnehmen, mit Ausnahme der Braut. Natürlich ist auch dies Ansichtssache. Manche mögen argumentieren, dass die Braut, wenn sie einen JGA will, sich auch finanziell beteiligen soll.

Ich finde jedoch, dass dieser Abend ein Geschenk ihrer besten Freundinnen an die Braut sein sollte. Und die wird sich wiederum bei den Junggesellinnenabschieden ihrer Freundinnen revanchieren. Auf diese Weise wird (zumindest in der Theorie) jeder einmal eingeladen.

Damit die Kosten jedoch überschaubar bleiben, muss vorher ein Budget festgelegt werden. Und am besten eines, das alle Gäste bezahlen können. Dies abzuschätzen, ist allerdings ein Kunststück. Es gelingt nur, wenn du alle Gäste zumindest so gut kennst, dass du weißt, was sie beruflich machen. Doch das ist in der Regel nicht der Fall.

Ein geschicktes Vorgehen wäre es daher, den Gästen zunächst vorzustellen, was ihr machen wollt, zum Beispiel: nachmittags ein Besuch im Spa-Bereich des Schwimmbads, abends Essen gehen, danach der Besuch im Club. Mit Getränken und Verpflegung kommt ihr bei diesem Modell schnell auf 70 Euro pro Person. Kalkuliere realistisch, wie viel der Tag wohl jede von euch kosten würde, und teile es den Gästen mit.

Hierbei gibt es oft noch etwas Spielraum, in dem du zum Beispiel anbietest, dass jeder seine Getränke im Club oder Restaurant selber bezahlt und dann nur noch eine „Verpflegungspauschale" für die Braut eingesammelt wird. Oft gelingt es auf diese Weise bereits, einen Budget-Kompromiss zu finden, mit dem alle leben können.

In vielen Fällen verdienen Frauen innerhalb eines Freundeskreises ähnlich viel – doch das ist nicht immer so. Es kann sein, dass sich unter den JGA-Gästen auch Studentinnen, Alleinerziehende oder Geringverdiener befinden, für die das angesetzte Budget einfach zu hoch ist. Das muss man respektieren. Oft werden die Betroffenen in diesem Fall wohl einfach absagen. Es wäre jedoch schade, wenn die Braut nur des Geldes wegen auf ihre Gäste verzichten müsste.

In einem solchen Fall gibt es noch zwei andere Optionen: Entweder du findest eine Möglichkeit, den Preis etwas herunterzusetzen oder ihr zeigt ein großes Herz und macht eine Härtefall-Umlage. Wenn von fünf Gästen jede fünf Euro mehr zahlt, kann die finanziell Klamme mit einem um 25 Euro reduzierten Betrag vielleicht doch noch teilnehmen.

Vorsicht bei Vorleistung

Neben der Budgetplanung übernimmst du als Trauzeugin sicherlich auch den größten Teil der Organisation des Junggesellinnenabschieds: Restaurant aussuchen, reservieren, Tickets kaufen, eventuell Übernachtungen und Anreise buchen. Das bedeutet auch, dass du beinahe automatisch zuerst die Beträge vorstrecken musst – und damit auch das Risiko trägst, falls eine der Teilnehmerinnen nicht zahlt.

Dies ist eine knifflige Situation. Eine Möglichkeit, dein Risiko zu minimieren, wäre es abzuwarten, bis alle Teilnehmerinnen ihren Obolus überwiesen haben und erst dann verbindlich zu buchen. Auf diese Weise geht jedoch erfahrungsgemäß immer eine Menge Zeit verloren. Das erhöht die Gefahr, dass Tickets, freie Plätze oder Optionen nicht mehr in ausreichender Anzahl zur Verfügung stehen.

Ob du dieses Risiko in Kauf nehmen möchtest oder doch bereit bist, den Betrag zunächst aus eigener Tasche vorzuschießen, ist Abwägungssache. Letztlich hängt die Entscheidung davon ab, wie viel Vertrauen du in die JGA-Gäste setzt, wie hoch der Vorleistungsbetrag ist und wie viel Vorschuss du finanziell gut verkraften kannst.

Erwartungen klären

Ein brenzliger Punkt, der unter Umständen zu Spannungen zwischen Trauzeugin und Braut führen kann, sind allzu hohe Erwartungsansprüche. Manche angehenden Bräute kommunizieren bereits lange vor der Verlobung, dass für sie nur ein Junggesellinnenabschied auf Sylt in einem Fünf-Sterne-Ressort mit anschließendem Champagner-Frühstück in Frage kommt. Als Trauzeugin musst du bei Ansagen wie diesen erst einmal schlucken. Denn du und die anderen JGA-Gäste sind es, die diese Ansprüche am Ende bezahlen müssen.

Um Streitigkeiten, Enttäuschungen oder einen finanziellen Ruin zu vermeiden, hilft nur ein offenes Gespräch. Erkläre der Braut sachlich, dass ihre Vorstellungen unrealistisch sind und weder du noch die anderen Teilnehmerinnen – so leid es euch tut – einen solchen Betrag bezahlen können. Als deine Freundin wird die Braut sicher einsichtig sein. Wenn der Braut eine bestimmte Unternehmung besonders wichtig ist, ist sie vielleicht dazu bereit, etwas dazu zu schießen – so sind am Ende alle Beteiligten glücklich.

Verkaufen oder nicht?

Für viele gehört der Bauchladen zu einer Bachelorette-Party ebenso dazu wie der Prosecco. Die Tradition, Schnäpse, Süßigkeiten oder Küsse zu verkaufen, ist eine gute Gelegenheit, die JGA-Kasse aufzustocken. Vor allem, wenn man ein glückliches Händchen hat. Beim Junggesellinnenabschied einer Freundin hatten wir während einer Hafenrundfahrt dank eines durstigen Kegelklubs an Bord innerhalb einer halben Stunde rund 100 Euro eingenommen.

Eine Tradition ist jedoch kein Muss. Viele Bräute finden Verkäufe und ähnliche Aktionen einfach blöd. Schade um das Geld – doch das solltet ihr akzeptieren. Als Trauzeugin solltest du im Vorfeld herausfinden, ob die Braut gerne verkaufen mag oder nicht. Die Tradition sollte auf keinen Fall dazu benutzt werden, die Braut an ihrem Tag zum Arbeiten zu zwingen. Das kostet euch nämlich am Ende noch viel mehr, nämlich die gute Stimmung.

Gute Stimmung beim JGA

Apropos Stimmung: Die ist die allerwichtigste Währung bei einem Junggesellinnenabschied. Da ist es fast egal, welche Unternehmungen du gebucht hast, wie viel Geld ihr ausgegeben oder wie viele Überraschungen ihr geplant habt: Ist die Stimmung mies, fällt der ganze Junggesellinnenabschied ins Wasser. Was also tun, damit die Stimmung stimmt? Hier ein paar Tipps:

- **Sorgfältig planen:** *Wo müssen wir noch mal hin – war das rechts oder links herum? Moment, ich gucke noch mal auf meinen Zettel. Wo ist der denn? Oh, wir hätten schon um Sieben da sein sollen...* Situationen wie diese können leicht zu Stress führen, der sich auf die gesamte Gruppe inklusive der Braut überträgt.

  Dies kannst du vermeiden, indem du den Tag sorgfältig planst und immer im Auge behältst, wo ihr wann sein müsst. Grundsätzlich ist es entspannter, Termine nicht zu eng zu takten und lieber einen Programmpunkt weniger aufzunehmen. Denn gute Stimmung muss sich langsam entwickeln und das geht nur, wenn ihr nicht von einem Termin zum nächsten hetzt, sondern einfach auch mal dort bleiben könnt, wo es gerade schön ist.

- **Wir haben uns alle lieb:** Wer schläft wo, wer schuldet wem Geld, wer hätte lieber etwas anderes gemacht – sämtliche potenzielle Streitthemen sollten unbedingt VOR dem Tag des Junggesellinnenabschiedes bereinigt werden. Am JGA-Tag selbst sollen sich bitte alle Beteiligten mit einem ernstgemeinten Lächeln zur Begrüßung umarmen können.

- **Enttäuschungen vermeiden:** Mach nicht im Vorfeld gegenüber der Braut allzu viele Anspielungen, was alles Sensationelles geplant ist. Das Kopfkino, das dadurch entsteht, wird niemals der Realität standhalten – egal, wie gut deine Ideen tatsächlich sind. Unrealistische Erwartungen der Braut oder anderer Teilnehmer sollten ja, wie bereits erwähnt, vorher offen angesprochen und entsprechend bereinigt werden.

- **Harmonie steht an erster Stelle:** Die eine muss aufs Klo, die andere hat Durst, die dritte kann nicht mehr laufen – wenn mehrere Mädels zusammenkommen, geht es manchmal zu wie in einem Minivan voller Kleinkinder. Das passt dir aber gar nicht? Tja, da musst du jetzt durch.

  Gönne den JGA-Gästen ausreichend Pausen. Hektik ist der Stimmungskiller Nummer Eins. Zur Not könnt ihr für kurze Zeit Neigungsgrüppchen bilden: Wer auf die Toilette muss, geht. Währenddessen besorgen die anderen eine Erfrischung und die Raucherinnen verschwinden kurz nach draußen. Achtet jedoch darauf, dass die Gemeinschaft nicht dauerhaft auseinanderdriftet. Das wäre schade.

  Vor allem aber sollte die Braut niemals alleine sein. Schickt sie nie allein zum Verkaufen oder platziert sie mit Sätzen wie „Setz dich mal kurz da hin, wir müssen noch was besprechen" in eine Ecke. Geheimniskrämerei zugunsten einer Überraschung darf in keinem Fall dazu führen, dass die Braut außen vor steht.

- **Stimmung auf Knopfdruck:** *So, und jetzt alle Paaaarty.* Äh, ok. Spaßhaben auf Kommando funktioniert nicht. Das zeigt sich besonders, wenn ein Abend in der Disko oder im Club geplant ist. Tanzstimmung entwickelt sich erst allmählich, wenn es ganz blöd läuft auch mal gar nicht.

Die einfachste Möglichkeit, eine Party in Gang zu bringen, ist es, allen erst einmal eine Runde Prosecco zu spendieren. Wenn das noch nicht ausreicht, darfst du dich gerne opfern und als erste in Richtung Tanzfläche bewegen.

Falls ihr merkt, dass die Musik den ganzen Abend über nicht so gut ist oder der Club sich einfach nicht füllen will, hilft vielleicht ein Ortswechsel. Sollte alles nichts bringen und die Tanzbeine sich einfach nicht bewegen wollen, nehmt es mit Humor – und sucht eine Alternative.

Ich habe beispielsweise einmal einen ganzen Abend damit verbracht, mit einer Freundin im Auto vor der Disko Gruselgeschichten auszutauschen. Getanzt haben wir nicht, schön war es trotzdem. Denkt also daran: Stimmung entsteht vor allem aus Spontaneität.

Als Traumzeugin...
...organisierst du einen unvergesslichen Junggeselinnenabschied für die Braut.

Du lädst Gäste ein, die die Braut gerne auf ihrem JGA dabei haben möchte, überlegst dir Aktivitäten, die der Braut gefallen würden, und kalkulierst ein Budget, das die Gäste bezahlen können.

Vor allem aber sorgst du am Tag des JGA für eine gute Stimmung. Das bedeutet, dass du den Tag so planst, dass auch du als Trauzeugin Spaß hast.

Eine Rede vorbereiten

Martin Luther King, John F. Kennedy oder Barack Obama: Es gibt zahlreiche Beispiele von tollen Rednern, die durch wenige, dafür großartige Sätze weltberühmt wurden. Worte können motivieren, inspirieren, zu Tränen rühren und, ja, die Welt verändern. Im großen Stil oder im kleinen.

Als Trauzeugin wirst du vielleicht gerade vor der Aufgabe stehen, selbst eine Rede vorbereiten zu müssen. Zugegeben, Trauzeugen-Reden gehören in der Regel nicht zu denen, die die Welt verändern. Nichtsdestotrotz kannst du mit einer schönen Rede erheblich zur Stimmung auf der Hochzeitsfeier beitragen, den Gästen ein Lächeln oder eine kleine Träne abringen und das Brautpaar tief berühren.

Ganz schön viel Druck? Keine Sorge, mit guter Vorbereitung wird deine Trauzeuginnen-Rede sicher gut gelingen.

Der Inhalt der Rede

Wie gut eine Trauzeuginnen-Rede ankommt, hängt in erster Linie von ihrem Inhalt ab. Am besten du notierst dir bereits in den Wochen und Monaten vor der Hochzeit immer mal wieder Ideen und Anregungen, was du in deiner Rede erwähnen könntest.

Eine gute Rede sollte heiter, optimistisch und vor allem persönlich sein. Bitte suche nicht im Internet nach vorgefertigten Reden oder übernehme eine, die du in deinem Bekanntenkreis gehört hast. Das wird sicher auffallen und wirkt lieblos.

Mit einer persönlichen Rede hingegen wirst du das Brautpaar und die Gäste auf jeden Fall berühren. Daher ist die erste Regel beim Vorbereiten einer Trauzuginnen-Rede: Je individueller desto besser. Mit diesem Grundsatz wird das Redenschreiben gleich viel leichter.

Was soll ich sagen?
Der Anfang deiner Rede schreibt sich ganz leicht: Zunächst begrüßt du das Brautpaar und die Gäste und stellst dich als Trauzeugin vor. Erkläre den Zuhörern, in welcher Beziehung du zum Brautpaar stehst. Bist du die Schwester der Braut, eine Jugendfreundin oder habt ihr euch erst vor ein paar Jahren kennengelernt? Besonders schön ist es, wenn du diese Geschichte mit einer Anekdote untermalst.

Klassischerweise folgen die meisten Reden dem Prinzip: gestern – heute – morgen. An diesem Muster kannst du dich gut entlanghangeln. Beleuchte zunächst das Gestern: Erzähle, was dich mit dem Brautpaar verbindet, welche gemeinsamen Erfahrungen und Erinnerungen ihr teilt.

Am besten beginnst du bereits einige Wochen vor der Hochzeit damit, Ideen zu sammeln. Notiere dir lustige Geschichten, die du erzählen könntest. Du kannst auch im Freundeskreis oder bei der Familie des Brautpaares nach spannenden Erinnerungen fragen, die deine Rede auflockern.

Da du als Trauzeugin das Brautpaar in der aufregenden Phase der Hochzeitsvorbereitungen begleitest, sitzt du direkt an einer weiteren Ideenquelle für interessante Geschichten. Mit welchen Herausforderungen hat das Brautpaar zu kämpfen? Wie meistert es sie? Welche Gedanken beschäftigen Braut und Bräutigam in dieser Phase? Ein passender Bogen, um auf das „Heute“ zu kommen, ist zu zeigen, wie gut das Brautpaar zusammenarbeitet.

Eine schöne Hochzeitsfeier zu planen und vorzubereiten zeugt nicht nur davon, wie wichtig den beiden die Paarbeziehung ist. Es zeigt auch, dass das Brautpaar sich um Freunde und Familie kümmert und der Hochzeitsgesellschaft eine tolle Feier bescheren möchte. Diese und weitere positiven Eigenschaften des Brautpaares passen wunderbar in deine Rede.

Im letzten Teil der Ansprache gehst du auf die Zukunft des Brautpaares ein. Vielleicht gibt es bereits konkrete Pläne, zum Beispiel eine Hochzeitsreise oder weitere Träume, die Braut und Bräutigam sich in Zukunft erfüllen möchten.

An dieser Stelle kannst du noch einmal betonen, wie sehr du dich für das Brautpaar freust, und deine persönlichen Wünsche für die Zukunft der beiden aussprechen.

Beende deine Rede mit einem Toast auf das Brautpaar. Denke aber vorher daran, ein Glas zum Anstoßen in deiner Nähe zu platzieren.

Vorsicht, Fettnäpfchen

Eine persönliche, liebevoll gehaltene Rede kommt gut an. Aber Vorsicht, beim Thema Trauzeuginnen-Rede lauern auch potenzielle Fettnäpfchen. Das gilt vor allem für das Stichwort „persönlich".

Als Trauzeugin bist du hautnah am Geschehen und an den Emotionen und Gedanken des Brautpaares dran. Vergiss dabei nicht, dass viele dieser Inneneinsichten nicht für andere bestimmt sind.

Achte in jedem Fall darauf, keine Geheimnisse auszuplaudern. Eine noch frische Schwangerschaft, eine Beförderung oder ein Wohnortswechsel gehören zu den Neuigkeiten, die einzig und allein das Brautpaar verkünden darf.

Das gilt ebenso für Informationen, die das Gefühlsleben von Braut und Bräutigam betreffen. Niemand muss wissen, dass die Braut vielleicht ein paar Tage vor dem Ja-Wort noch kalte Füße bekommen hat – auch nicht dann, wenn sich glücklicherweise noch alles zum Guten gewendet hat.

Dein Insiderwissen solltest du ebenso nicht dazu verwenden, die Gäste mit endlosen Geschichten über die guten alten Zeiten oder mit Witzen zu langweilen, über die nur du und die Braut lachen können. Die restlichen Gäste (und mit ihnen der Bräutigam) wollen aus deiner Rede nicht ausgeschlossen werden.

Ein weiteres Tabu-Thema in einer Hochzeitsrede sind vergangene Affären der Brautleute und ebenso alles, was in die Kategorien Jugendsünden, Peinlichkeiten und Fremdschämen gehört. Denke immer daran, dass sich unter den Hochzeitsgästen häufig auch Chefs, Kollegen und 80-jährige Schwiegergroßeltern befinden. Plane also nur Informationen in deine Rede ein, die du diesen Gruppen auch direkt mitteilen würdest.

Und noch ein Tipp: Es ist absolut peinlich, betrunken eine Rede zu halten. Behalte also deinen Alkoholkonsum vor der Ansprache besonders gut im Blick. Ein Glas Prosecco, um die Nerven zu beruhigen, ist natürlich in Ordnung.

Rhetorik-Tipps für die perfekte Hochzeitsrede

Bei einer guten Rede kommt es in erster Linie auf den Inhalt an. Aber auch die Art und Weise, wie das Gesagte vorgetragen wird, ist entscheidend. Schließlich geht es nicht einfach nur darum, Informationen aufzulisten, sondern die Hochzeitsgäste und natürlich das Brautpaar zu unterhalten.

Mit ein paar Tricks aus der Rhetorik-Kiste schaffst du es ganz leicht, die Zuhörer an dich zu fesseln.

Vortragen, nicht vorlesen

Eine Rede ist authentisch und gut, wenn sie spontan wirkt. Es ist klar, dass die wenigsten Menschen eine stilistisch und inhaltlich runde Ansprache mal so eben aus dem Ärmel schütteln. Trotzdem kann auch eine vorbereitete Rede locker und spontan gehalten werden. Und dazu gehört es zu allererst, nicht vom Papier abzulesen.

Eine vollständig vorgelesene Rede wirkt ungefähr so persönlich wie eine Warteschleifenansage am Telefon. Weiterer Minuspunkt: Wer mit den Augen am Manuskript klebt, kann keinen Blickkontakt zum Publikum aufnehmen. So verlieren die Zuhörer schnell das Interesse.

Die beste Strategie ist es also, die Rede ganz oder stichpunktartig herunterzuschreiben und dann auswendig zu lernen. Stichworte auf Karteikarten, die dich an den roten Faden deiner Ansprache erinnern, sind selbstverständlich auch während der Rede erlaubt. Aber achte auch in diesem Fall darauf, den Blickkontakt zu den Gästen und dem Brautpaar zu halten.

Probereden

Nimm dir die Zeit, deine Rede vor der Hochzeit ein paar Mal einzuüben und zu Hause aufzusagen. Du kannst sie auch einem Testpublikum vortragen, zum Beispiel deinem Mann oder einer guten Freundin. Profis zeichnen ihre Rede auf Video auf, um zu erkennen, ob die Pointen gut rüberkommen, die Lautstärke und das Sprechtempo in Ordnung sind.

Langsam und deutlich

Apropos Sprechtempo: Die meisten Leute neigen dazu, viel zu schnell zu sprechen – vor allem, wenn sie nervös sind. Vielleicht ist dies ein Zeichen, dass sie schnell wieder aus dieser Vortragssituation entfliehen möchten. Vielleicht versuchen sie dadurch unterbewusst aber auch zu vermitteln, dass sie ihren Text flüssig draufhaben und ohne Pause abspulen können.

So oder so ist zu schnelles Reden jedoch überhaupt nicht empfehlenswert. Denn eigentlich möchtest du ja, dass deine sorgfältig ausgewählten Worte und Anekdoten bei den Zuhörern ankommen.

Achte also darauf, ruhig, deutlich und langsam zu sprechen. Nimm dir Pausen, wo es inhaltlich passt. Das hilft nicht nur dir beim Vortragen, sondern ist auch ein schönes Stilmittel, um das Gesagte zu betonen.

Zitate, Metaphern und Co.

Weitere beliebte Stilmittel sind Metaphern und Zitate. Beides empfiehlt sich, eher sparsam einzusetzen und auch nur dann, wenn es wirklich zu 100 Prozent passt. Ein Zitat oder eine Metapher sollen das Gesagte sinnvoll unterstreichen. Altkluge Lebensweisheiten und abgegriffene Liebeszitate lassen eine Rede schnell unpersönlich wirken – und dies ist genau das Gegenteil von dem, was du eigentlich erreichen möchtest.

Was du hingegen tun kannst, um etwas Schwung in deine Rede zu bringen, ist es, die Zuhörer mit einzubeziehen. So kannst du zum Beispiel gezielt Fragen an alle verheirateten Frauen oder Paare stellen, die länger als zehn Jahre zusammen sind. Ganz wichtig ist es natürlich, Braut und Bräutigam mit einzubeziehen. Denk immer daran: Eine Rede sollte in erster Linie für die Zuhörer lustig und interessant sein, nicht für die Rednerin.

Das Timing der Trauzeuginnen-Rede

Nun hast du in den vergangenen Wochen eifrig Ideen zusammengetragen und dir schon einen roten Faden für deine Trauzeuginnen-Rede überlegt. Jetzt stellst du dir vielleicht die Frage: Wie lang soll eine solche Rede überhaupt sein?

Eine festgelegte Zahl an Sprechminuten gib es nicht. Das kommt auch daher, dass die Zeit kurzweilig vergehen oder sich wie Kaugummi ziehen kann, je nachdem wie unterhaltsam die Ansprache ist. Grundsätzlich sollte eine Trauzeuginnen-Rede jedoch nicht län-ger als zehn bis fünfzehn Minuten sein.

Wenn du deine Rede vorher übst und auf die Uhr schaust, wirst du merken, dass du in zehn Minuten schon eine ganze Menge erzählen kannst. Achte daher darauf, deine Rede lieber kurz und knackig zu halten, als am Ende die Hochzeitsgesellschaft mit allzu langwierigen Ausführungen zu überladen.

Nicht nur die Dauer deiner Rede spielt eine wichtige Rolle, sondern auch der Zeitpunkt, zu dem du sie hältst. Ein guter Zeitpunkt für eine Rede ist eine Situation, in der möglichst alle Hochzeitsgäste und natürlich das Brautpaar versammelt sind und gut zuhören können. Dies kann sowohl in der Kirche, auf dem Standesamt oder während der Feier sein. Dein Vorteil als Trauzeugin ist, dass du sicher mit dem Programm für den Hochzeitstag vertraut bist und dir einen günstigen Moment heraussuchen kannst.

Wichtig ist, dass deine Rede mit keinem anderen Programmpunkt kollidiert, zum Beispiel einem Fotoshooting oder dem Essen. Vor allem letzteres ist knifflig. Zwar gehört das Hochzeitsessen zu den wenigen Gelegenheiten, bei denen wirklich die ganze Hochzeitsgesellschafft beisammen sitzt. Allerdings hättest du sicher keinen guten Stand, wenn du deine Rede vor einer hungrigen Versammlung hältst, die eigentlich nur darauf wartet, dass endlich das Buffet eröffnet wird. Warte also lieber bis nach dem Essen oder zumindest bis nach der Vorspeise ab – die Zuhörer werden es dir danken.

Was tun gegen Lampenfieber?

Wohl jeder kann sich an eine Situation aus seiner Schulzeit erinnern, in der er aufgerufen wurde, um etwas Kluges vor der ganzen Klasse zu sagen, schließlich aber keinen Ton herausbrachte. Sei es, weil er die Antwort einfach nicht wusste, oder weil die dreißig erwartungsvoll auf ihn starrenden Augen die Stimmbänder auf Eis gelegt hatten. So oder so eine unangenehme Situation.

Vielleicht gehörst du zu den Menschen, die nicht so gerne im Rampenlicht stehen. Und der Gedanke, vor vielen Menschen eine Rede halten zu müssen, bereitet dir schon jetzt ein ungutes Gefühl.

Trotzdem möchtest du keinen Rückzieher machen und das Brautpaar mit einer Rede beehren. Dafür schon einmal: Hut ab! Für viele Menschen erfordert eine solche Rede eine ordentliche Portion Mut. Doch wer mutig ist, wird auch belohnt, nämlich mit einer berauschenden Welle von Glückshormonen, die auf dich wartet, wenn du es geschafft hast, dich zu überwinden.

Noch nicht überzeugt? Dann gibt es hier noch ein paar Tipps, mit denen du dein Lampenfieber in den Griff bekommen kannst:

- Sei gut vorbereitet: Übe deinen Vortrag mehrmals vor der Hochzeit – gerne auch vor Testpublikum. Je häufiger du die Rede durchgehst, desto sicherer wirst du. Und das verleiht dir Selbstbewusstsein für deinen großen Auftritt.

- Tritt selbstbewusst auf: auch dann, wenn du es vielleicht gar nicht bist. Wenn du dich auf deine Nervosität konzentrierst oder sie sogar vor dem Publikum thematisierst, wirst du noch angespannter. Fokussiere dich besser auf den Inhalt der Rede und halte dir immer vor Augen, wie sehr sich das Brautpaar freuen wird, dass du ein paar Worte zu ihren Ehren sagen wirst.

- Lass dir Zeit: Wenn deine Redezeit gekommen ist, besteht trotzdem kein Grund vom Platz aufzuspringen und hektisch nach vorne zu hechten. In der Ruhe liegt die Kraft. Bereite dich in deinem Tempo vor, leg die Notizen zurecht und atme tief in den Bauch hinein. Ein guter Trick ist es, kurz vor der Rede noch einmal einen Schluck Wasser zu trinken. Das hilft, die nervositätsbedingte Mundtrockenheit zu verhindern.

- Hab keine Angst vor Fehlern: Achte einmal darauf, wie häufig sich Menschen im Rahmen einer Unterhaltung versprechen, nach passenden Wörtern suchen, Sätze anfangen und noch einmal neu starten müssen. Ein kleiner Texthänger ist kein Weltuntergang und wird dir sicher niemand übel nehmen. Wahrscheinlich wird es nicht einmal bemerkt.

Denn schließlich teilst du vorher kein Manuskript zum Mitlesen aus. Also, bei Texthängern kurz durchatmen, einen Blick in die Notizen werfen und einfach weitermachen.

Als Traumzeugin...
...beehrst du das Brautpaar mit mit einer berührenden Rede.

Eine Rede ist umso besser umso persönlicher sie ist. Schöpfe also aus dem vollen Repertoire an Geschichten, Anekdoten und Erinnerungen, die du mit dem Brautpaar verbindest.

Die Trauzeugin als Seelenstärker

Inspirationsquelle, Shopping-Beraterin, Organisationsfee – als Trauzeugin schlüpfst du in den Monaten vor der Hochzeit in viele Rollen. Dabei fällt dein wichtigster Part vielleicht unter den Tisch: Du bist die Vertraute der Braut. Egal, ob du Schwester, Cousine oder Freundin der Braut (oder des Bräutigams) bist, du bist ganz eng am Geschehen dabei – auch am emotionalen. Denn, die eigene Traumhochzeit zu planen und vorzubereiten, führt manchmal zu extremen Stresssituationen, mit denen das Brautpaar fertig werden muss.

Hier nur eine kleine Auswahl an Hochzeitspannen: Das Brautkleid wird verspätet geliefert und ist plötzlich zu eng; das Paar hat vergessen, einen Fotografen zu besorgen – nun sind alle ausgebucht; der Friseur hat sich bei der Haarfarbe vergriffen; der große Bruder möchte nicht zur Hochzeit kommen; die Location für die Feier geht wenige Wochen vor der Hochzeit pleite – die Anzahlung ist futsch, ebenso der Hochzeitstermin.

Kleinere oder größere Dramen werden im Laufe der Hochzeitsvorbereitungen auf jeden Fall auftauchen. Einige Brautpaare stecken dies ganz locker weg, anderen drücken solche Zwischenfälle ganz schön auf die Stimmung. Wenn es ganz blöd kommt, führen diese Situationen sogar zu Streitigkeiten zwischen den zukünftigen Eheleuten. Wut, Stress und Tränen sind vorprogrammiert.

Erste Hilfe bei Pannen
Bei Pannen egal welcher Art bist du als Trauzeugin und Vertraute des Brautpaares Ersthelferin.

Vielleicht wendet sich die Braut vertrauensvoll an dich, um dir ihr Leid zu klagen. Oder sie gehört zu den Menschen, die ihren Kummer erst einmal für sich behalten. Achte daher genau auf ihre Stimmung. Schlechte Laune und eine angespannte Mimik oder Körperhaltung könnten erste Stresssignale sein.

Reagiere sensibel auf Stimmungsschwankungen und frag nach, was die Braut bedrückt. In vielen Fällen ist es sogar so, dass die Braut gar nicht gemerkt hat, was tatsächlich hinter ihrem schlechten Gemütszustand steckt, bis sie jemand darauf anspricht. Biete ihr die Gelegenheit, sich zu öffnen. Oftmals schafft es Erleichterung, mit dir als einer unbeteiligten Person zu sprechen.

Hör dir also geduldig und zunächst ohne zu bewerten an, wo der Schuh drückt. Ich sage absichtlich „ohne zu bewerten", weil das nicht immer leicht ist. Denn manchmal erscheint einem ein Problem winzig, das für jemand anderen riesengroß ist.

Wird ein Pastor kurzfristig krank, denkst du vielleicht „ok, die Vertretung wird euch bestimmt ebenso gut trauen können". Doch es kann sein, dass für das Brautpaar dieser eine Pastor so wichtig war, weil er schon die Eltern getraut hat oder weil er der einzige ist, bei dem sich das Brautpaar wohlfühlt. Es ist auch möglich, dass es eigentlich gar nicht um diesen Pastor geht, sondern dass sein kurzfristiger Ausfall das letzte Glied in einer Reihe von Hochzeitspannen ist und damit der Tropfen der das Tränenfass zum überlaufen bringt.

Als Traumzeugin...
...ist es a dein wichtigster Job, der Braut bei Pannen ein offenes Ohr zu leihen und möglichst einfühlsam auf auftretende Krisen zu reagieren.

Versuche erst im zweiten Schritt, mit ihr gemeinsam die Situation zu lösen. Bewertet nun gemeinsam: Wie dramatisch ist die Situation für das Brautpaar? Warum ist dies so? Wie kann das Problem gelöst werden?

Erläutert zusammen, welche Alternativen zur Auswahl stehen. Als Trauzeugin kannst du das Brautpaar aktiv dabei unterstützen, Ersatzmöglichkeiten zu finden und zu organisieren, etwa einen neuen Fotografen, einen anderen Friseur oder eine Last-Minute-Option für das Catering.

Gehe jedoch sensibel vor, wenn du Alternativen vorschlägst. Oft dauert es eine Weile, sich einzugestehen, dass ein bestimmter Aspekt nicht so funktionieren wird, wie geplant. Das ist schade, die erste Wahl ist futsch. Doch mit der Zeit lässt sich sicher eine Lösung finden, mit der das Brautpaar am Ende gut leben kann.

Stimmung statt Stress

Selbst wenn die Hochzeitsvorbereitungen von größeren Dramen verschont bleiben, kann es mal hektisch werden. Der emotionalen Achterbahnfahrt könnt ihr vorbeugen, indem ihr regelmäßig Stress abbaut. Manche Bräute müssen in dieser wichtigen Phase regelrecht daran erinnert werden, die letzten Wochen vor der Hochzeit zu genießen.

Als Traumzeugin…

…hilfst du der Braut, mal wieder so richtig auszuspannen. Unternehmt einen gemeinsamen Wellness-Tag: Sauna, Massage oder eine Beauty-Behandlung entspannen Körper und Geist.

Auch ein Abstecher an die See oder in die Berge bringt die Braut auf andere Gedanken. Frische Luft und Bewegung wirken Wunder bei Stress.

Viele Brautpaare folgen der Tradition und verbringen die Nacht vor der Hochzeit getrennt. Für die Braut und dich ist dies eine tolle Gelegenheit, noch einmal ein paar gemeinsame Momente zu verbringen.

Wie wäre es, wenn ihr noch einmal in Hochzeitsmagazinen blättert, um euch auf den großen Tag einzustimmen? Oder ihr schaut euch gemeinsam ein paar Hochzeitsfilme an.

Webtipp
Eine schöne Auswahl an Hochzeitsfilmen findest du zum Beispiel im Internet auf:

www.die-besten-hochzeitsfilme.de

Besonders in den letzten Stunden vor der Hochzeit steigt die Anspannung bei Braut und Bräutigam. Sie werden dir dankbar sein, diese Zeit nicht alleine verbringen zu müssen.

Kalte Füße wärmen

Die Gäste nehmen gerade in der Kirche Platz. Der Bräutigam steht erwartungsvoll am Altar und blickt auf die Tür, durch die seine Braut gleich schreiten wird. Die Braut ist bereits in voller Montur: Frisiert und geschminkt sitzt sie in ihrem Kleid im Auto vor der Kirche – tränenüberströmt und will partout nicht aussteigen. Was klingt, wie die Handlung einer Hollywood-Liebeskomödie, ist in meinem Bekanntenkreis tatsächlich so passiert.

Kalte Füße zu bekommen, an irgendeinem Punkt vor der Hochzeit – selbst dann, wenn man nach dem Besuch auf dem Standesamt streng genommen ja bereits getraut ist – kommt sehr häufig vor.

Im Rahmen einer Studie befragten Forscher der University of California in Los Angeles frisch verheiratete Brautpaare, ob sie vor der Hochzeit bedenken hatten. Das Ergebnis: 47 Prozent der Männer und 38 Prozent der Frauen antworteten auch auf diese Frage mit „Ja".

Nun würden die meisten Leute sagen, dass kalte Füße vor der Hochzeit völlig normal und kein Grund zur Aufregung sind. In den allermeisten Fällen wird trotzdem geheiratet.

Die Bekannte, die an ihrem Hochzeitstag zunächst nicht aus dem Auto aussteigen wollte, war in diesem Moment fix und fertig. Doch wer mir richtig leid tat, ist ihre Trauzeugin. Was tun, wenn die Schwester oder die beste Freundin an ihrem großen Tag oder vorher plötzlich einen Rückzieher machen will?

Die Trauzeugin hat in diesem Moment wahrscheinlich großen Einfluss auf das weitere Geschehen. Sie kann die Braut dazu bringen, die Hochzeit wirklich abzusagen oder aber sie überzeugen und dazu bewegen, doch aus dem Auto zu steigen und zu heiraten. So viel Macht wünscht sich wohl kaum jemand. Mit etwas Fingerspitzengefühl kannst du diese Situation gut meistern:

Egal, wie viel oder wenig Zeit gerade zur Verfügung steht, hör dir die Bedenken der Braut genau an. Geht es wirklich darum, dass sie (diesen Mann) nicht heiraten will oder steckt etwas anderes hinter ihrem Gefühlsausbruch?

Die Erwartungen an den eigenen Hochzeitstag sind riesig und halten der Realität oft nicht stand. Vielleicht sitzen Haare und Make-up nicht so, wie die Braut es sich ausgemalt hat. Möglicherweise brennen die Nerven mit ihr durch, weil gleich eine Menge Menschen auf sie schauen werden, was sie fürchterlich nervös macht.

In diesem Fall besteht deine Aufgabe darin, ihr Selbstbewusstsein zu stärken. Mach ihr Komplimente und betone, dass sie von ihrem Mann geliebt wird und wie sehr sich Freunde und Familie für das Brautpaar freuen.

Bei Lampenfieber beruhigt es die Braut, wenn du ihr versicherst, dass du die ganze Zeit an ihrer Seite sein wirst – wortwörtlich, sowohl in der Kirche als auch bei der Feier.

Besonders brenzlig wird es, wenn die Braut tatsächlich ernsthafte Bedenken gegen das Heiraten allgemein oder gegenüber ihrem Bräutigam hegt. Wenn es sich nicht um eine erzwungene Hochzeit handelt, gilt: Du solltest niemals jemandem aktiv vom Heiraten abraten. Dabei kannst du nur verlieren – und das Brautpaar auch.

Denn kein Außenstehender kann wirklich beurteilen, ob zwei Menschen zusammen passen oder ob es der richtige Schritt für eine Person ist, die Ehe einzugehen. Mach dies der Braut klar.

Falls die Braut sich auf einmal vorm Heiraten allgemein scheut, versuche sie daran zu erinnern, aus welchen Gründen sie den Heiratsantrag angenommen hat. Frag sie, was sich nun geändert hat und warum sie glaubt, dass sich durch die Ehe die Dinge verschlechtern. Oft steckt eine Angst vor Veränderungen dahinter, die in den meisten Fällen unbegründet ist.

Die Verlobungszeit ist für einige Paare eine Belastungsprobe und der Stress kann sich schon mal negativ auf die Beziehungsstimmung auswirken. Wenn Romantik und Zärtlichkeit durch Absprachen, Anproben und Entscheidungsdiskussionen verdrängt werden, rückt das den Partner schon mal in ein weniger schmeichelhaftes Licht. Dies kann ein weiterer Grund dafür sein, warum die Braut an ihrer Partnerwahl zweifelt.

Ein guter Trick: Lass sie die positiven Eigenschaften des Bräutigams aufzählen und sich daran erinnern, warum sie sich in ihren Zukünftigen verliebt hat. Das allein genügt oft schon, um die Nerven zu beruhigen.

Aufgaben der Treuzeugin am Hochzeitstag

Die Hochzeitszeremonie

Monatelange Planung – und nun ist der große Tag gekommen. Braut und Bräutigam sind sicher unheimlich aufgeregt. Doch auch für dich ist es nicht einfach nur Samstag. Als Trauzeugin bist du unmittelbar ins Geschehen involviert und fester Teil der Hochzeitsze-remonie.

Trauungen auf dem Standesamt verlaufen sehr unterschiedlich. Einige Brautpaare planen eine Zeremonie vor 20 oder sogar mehr Gästen. Andere kommen ganz ohne Gäste aus – und auch ohne Trauzeugen. Dies ist aber eher eine Seltenheit. Die meisten Hochzeitspaare laden zumindest die engste Familie und die Trauzeugen ein, wenn sie sich das Ja-Wort geben.

Solltest du als Trauzeugin anwesend sein – und da gehen wir jetzt einfach mal von aus – besteht deine Hauptaufgabe auf dem Standesamt darin, mit einer Unterschrift zu bezeugen, dass die Eheschließung auch wirklich stattgefunden hat.

Oft bringen sich Trauzeuginnen zusätzlich bei der Organisation eines kleinen Essens oder Sektempfangs ein und sorgen dafür, dass Geschenke verstaut werden und dass das Brautpaar möglichst die Hände frei hat, um Glückwünsche entgegen zu nehmen.

Hochzeitszeremonien in der Kirche sind meist aufwändiger und umfangreicher. In der Regel bereitet der Geistliche einen individuell auf das Brautpaar zugeschnittenen Gottesdienst vor. Das bedeutet auch, dass deine Rolle als Trauzeugin individuell gestaltet werden kann. Vielleicht möchtest du eine kurze Rede halten, eine Bibelpassage oder Fürbitte vortragen?

Neben diesen besonderen Aufgaben ist die Trauzeugin hauptsächlich als Begleiterin der Braut oder des Bräutigams im Einsatz. Wenn du die Braut bereits zum Friseur begleitet hast, kannst du anbieten, ihr beim Anziehen zu helfen und sie auf dem Weg in die Kirche zu begleiten. Hier hat die Braut dann ihren großen Auftritt: Das bedeutet, dass du sie an ihren Vater übergibst und den versammelten Gästen in der Kirche signalisierst, dass es gleich losgehen kann.

Wirf noch einmal einen Blick in die Kirche: Ist die Blumendekoration so aufgebaut, wie gewünscht? Hat jeder Gast ein Programm- oder Liederheft? Falls das Brautpaar Blumenkinder engagiert hat, solltest du sie noch kurz einweisen oder die Aufgabe vorher an eine andere Person übertragen.

Wenn in der Kirche alles in Ordnung scheint, sprichst du dem Bräutigam, der sicher bereits nervös am Altar wartet, noch etwas Mut zu und setzt dich auf deinen Platz. In manchen Kirchen gibt es Stühle, die speziell für die Trauzeugen reserviert sind. Falls dies nicht der Fall ist, setzt du dich am besten in die erste Reihe. Denn: Während der Zeremonie ist es deine Hauptaufgabe, den Brautstrauß zu halten wenn die Braut wie zum Beispiel beim Ringtausch beide Hände frei haben muss.

Apropos Ringe: Die Eheringe zu verwahren ist klassischerweise die Aufgabe des Trauzeugen des Bräutigams. Falls du also als Trauzeugin die Seite des Bräutigams vertrittst, wirst du zur Ringträgerin.

Wenn die Zeremonie vorbei ist, strahlt das Brautpaar vor Erleichterung. Der Ausmarsch aus der Kirche geht sich in der Regel viel entspannter als der Einmarsch. Und schon kurz darauf wird die Hochzeitsgesellschaft folgen, um zu gratulieren. Gratuliere selbst als erste, wenn niemand der anderen Gäste sich traut, den Anfang zu machen.

Falls ein Sektempfang geplant ist, kannst du hierbei deine Unterstützung anbieten. Hochzeitsgäste, die Spiele oder Bräuche wie Baumstammsägen geplant haben, sollten dies am besten auch vorher mit dir abgesprochen haben, sodass du nun ein Auge auf die Koordination haben kannst.

In einigen Kirchen muss der Blumenschmuck sofort wieder entfernt werden. Es wäre schade, wenn die Gestecke einfach im Müll landen. Vielleicht kann einer der Gäste die Blumen mit zum Veranstaltungsort für die Feier fahren. Auch die Programm- und Liederhefte häufig ein Fall für die Tonne. Aber sicher freuen sich die Brautleute wenn du ein Exemplar für sie aufhebst.

Als Traumzeugin…

…sitzt du während der Zeremonie in der ersten Reihe. Du hältst den Brautstrauß beim Ringtausch und sorgst dafür, dass das Brautpaar die Hände frei hat.

Du hilfst dabei, einen Sektempfang zu organisieren, koordinierst Aktionen der Gäste und trägst vielleicht sogar selber eine kurze Rede oder Fürbitte vor.

Die Hochzeitsfeier

Nach der Zeremonie, wenn das Brautpaar sich das Ja-Wort gegeben, sich geküsst hat und den ersten Schluck Prosecco genießen durfte, fällt ein großer Brocken der Anspannung ab. Der offizielle Teil ist vorbei – jetzt darf gefeiert werden. Und das gilt natürlich auch für die Trauzeugin.

Doch auch nachdem ihr offizieller Part nun erfüllt ist, steht die Trauzeugin dem Brautpaar für den Rest des Tages zur Seite. Das bedeutet in der Regel, dass die Trauzeugin dem Brautpaar gewissermaßen den Rücken frei hält: Sie kümmert sich um Fragen der Gäste, wirft ein Auge auf den Programmablauf und hilft damit dem frisch gebackenen Ehepaar, auch wirklich in Feierstimmung zu kommen.

Als Traumzeugin...
...machst du dich am besten bereits im Vorfeld mit dem Veranstaltungsort für die Feier vertraut. Wie sehen die Räumlichkeiten aus? Wo sind die Toiletten? Und wo findet der Sektempfang statt? Auf Fragen wie diese weißt du idealerweise bereits eine Antwort. Ebenso auf die Frage, wie die Gäste von der Kirche zur Location kommen.

Es gibt häufig Gäste, die von außerhalb kommen und möglicherweise eine Mitfahrgelegenheit suchen. Frag doch in ihrem Namen einmal in die Runde, ob nicht irgendjemand noch einen Platz im Auto frei hat. Das Brautpaar wird es dir danken, wenn es nicht mit solchen „Problemchen“ belästigt wird.

Die frischgebackenen Eheleute werden zu diesem Zeitpunkt ohnehin sehr eingespannt sein. Denn nach der Zeremonie werden sie mit Umarmungen und Glückwünschen überhäuft – in manchen Fällen sogar jetzt schon mit Geschenken.

Hier lauert eine weitere Aufgabe für die Trauzeugin: Sorge dafür, dass die Brautleute die Hände frei haben. Nimm Geschenke entgegen und verstaue sie sicher.

Natürlich musst du nicht zwangsläufig alles alleine machen. Es ist vollkommen in Ordnung und auch notwendig, dass du Aufgaben an andere delegierst. Allein die Tatsache, dass du auf Details wie diese ein Auge hast und dich um das Wohlergehen des Brautpaars kümmerst, macht dich zur absoluten *Traumzeugin.*

Nachdem die Zeremonie vorbei ist und die Hochzeitsgäste gratuliert haben, wird die Hochzeitsgesellschaft meist noch ein Gruppenfoto machen. Danach ist es in vielen Fällen so, dass das Brautpaar noch zu seiner eigenen Foto-Session aufbricht. Die Gäste fahren währenddessen schon einmal zum Veranstaltungsort für die Feier. Hier gibt es dann oft noch einen Sektempfang.

Je nachdem wie lange die Fotositzung des Brautpaars dauert, können die Gäste schon einmal ungeduldig werden. Leerlaufzeiten – insbesondere vor dem Essen – schlagen schnell auf die Stimmung.

Als Traumzeugin…

… kannst du es dir zur Aufgabe machen, den Gästen die Zeit zu vertreiben. Fordere sie zum Beispiel dazu auf, sich in ein vorher vorbereitetes Gästebuch einzutragen.

Manchmal hat das Brautpaar auch eine Fotobox oder Kameras bereitgestellt: Nun wäre eine gute Gelegenheit, diese zu benutzen.

Auch Fragen zum Programm beantwortestest du geduldig. Informiere die Gäste, wann es mit dem Abendessen los geht und – sofern vom Brautpaar gewünscht – wann ein guter Zeitpunkt für Spiele oder Vorträge ist.

Stichwort Spiele: Hier scheiden sich die Geister. Es gibt Brautpaare, die Hochzeitsspiele ganz furchtbar finden. Andere wären hingegen enttäuscht, wenn niemand sich etwas für sie ausdenken würde. Es ist das Beste, vorher abzusprechen, ob und in welcher Form sich das Brautpaar Spiele wünscht.

Du bist gewissermaßen die Anwältin des Brautpaars und die Gäste sollten nichts geplant haben, ohne es vorher mit dir abzusprechen. Nutze daher die Abwesenheit des Brautpaares dazu, noch einmal darauf hinzuweisen, um unliebsame Überraschungen zu vermeiden.

Die Feier beginnt

So richtig los geht die Feier natürlich erst, wenn das Brautpaar da ist. Am Veranstaltungsort angekommen werden Braut und Bräutigam sicher noch einmal von Gratulanten belagert, die auch Geschenke überreichen wollen.

Idealerweise gibt es einen Geschenketisch, auf den du verweisen kannst oder die Geschenke selbst ablegst. Dann wird es ziemlich bald mit dem Essen losgehen. Hilf den Gästen, zu ihren Tischen zu finden und sorge dafür – falls die Zeit bereits drängt –, dass Nachzügler auch rasch ihre Plätze einnehmen.

Nach dem Essen, den Hochzeitsreden und vielleicht den ersten Spielen wird es mit der Party losgehen – so der Plan. Doch nicht immer gelingt es auf Knopfdruck, die Gäste zum Feiern zu animieren. Bei Hochzeiten gibt es glücklicherweise immer einen offiziellen Startschuss für den tanzbeinschwingenden Teil der Feier: den Eröffnungstanz.

Auch hier gibt es mittlerweile viele Alternativen zum klassischen Wiener Walzer mit Elternabklatsch. Immer mehr Brautpaare entscheiden sich für eine moderne Variante: Paartanz zu Popmusik, ausgefeilte Choreografien oder einfach Freestylen zum Lieblingssong.

Wenn die Gäste sehen, dass das Brautpaar Spaß hat, kommen auch sie in Stimmung. Falls nicht, hier ein paar Tipps, mit denen sich die Feierlaune anheizen lässt:

- Alles steht und fällt mit dem DJ. Kommt die Party nicht in Schwung, bitte ihn, Lieder mit mehr Tempo zu spielen. Oft genügt es auch, auf ein Musikgenre zu wechseln, das einem größeren Teil der Gäste zusagt. Wenn nichts mehr geht, darf auch auf einen altbewährten Partykracher zum Mitsingen zurückgegriffen werden.

- Der Feind einer jeden Feier ist der Empty-Disco-Effekt: Niemand traut sich zu tanzen, weil die Tanzfläche leer ist. Und die Tanzfläche bleibt leer, weil keiner sich traut zu tanzen. Sprich: Niemand will der Erste sein. Irgendwer muss jedoch der Erste sein. Im Zweifelsfall die Trauzeugin. Am besten suchst du ein paar Verbündete, die mit dir ein feierbereites Grüppchen auf der Tanzfläche bilden. Du kannst auch gezielt Leute zum Tanz auffordern: den Schwiegerpapa, den Patenonkel, den Brautvater. Und deine Begleitung sucht sich eine Dame. So füllt ihr nach und nach die Tanzfläche.

- Ein ganz simpler Trick, um möglichst viele Menschen in kurzer Zeit in Bewegung zu versetzen, ist übrigens die gute alte Polonaise. Einfach, abgedroschen, aber effektiv. Und jeder gute DJ hat Gottlieb Wendehals im Repertoire.

Die Braut begleiten

Auf der Hochzeitsfeier dreht sich immer noch alles um das Brautpaar. Und es wird wahrscheinlich so sein, dass die Brautleute überall und nirgendwo sind. Sie werden versuchen, mit jedem Gast wenigsten ein paar Worte zu wechseln, stehen im Mittelpunkt des Programms und sind in alle Aktivitäten eingebunden. Daher kann es sein, dass du auf der Feier gar nicht wirklich viel Zeit mit der Braut oder dem Bräutigam verbringen wirst. Trotzdem bist du als Trauzeugin weiterhin wichtige Ansprechpartnerin für das Brautpaar.

Als Vertraute der Braut wird es ihr guttun, zu wissen, dass du in ihrer Nähe bist – und dies manchmal mehr als man denkt. In vielen Filmen gibt es die klassische Szene, in der die Trauzeugin der Braut beim Toilettengang das Kleid hoch hält. Dieses Bild ist gar nicht so weit hergeholt. Ob ihr tatsächlich zusammen auf die Toilette geht, hängt natürlich auch davon ab, wie nah ihr euch steht.

Grundsätzlich ist es jedoch selbst in ausladenden Kleidern möglich, alleine pinkeln zu gehen. Und die Bereitschaft dies zu tun steigt im Laufe des Abends wenn der offizielle Teil vorbei und das Kleid ohnehin bereits dreckig ist.

Als Trauzeugin bietest du natürlich trotzdem deine Hilfe an. Die kann auch darin bestehen, an der Tür Wache zu stehen, wenn die Braut für den Toilettengang ihr Kleid ausziehen möchte oder muss (ja, auch das gibt es).

Oder du versorgst die Braut mit Frischmachern: Deo, Haarspray, Lipgloss oder Parfum kommen jederzeit gut an. Auch Taschentücher und Nähzeug in der Handtasche haben sich schon oft bewährt. Ein paar Utensilien für den „Hochzeits-Notfall“ dabei zu haben, ist auf jeden Fall wichtig. So wird die Trauzeugin Retterin in der Not und schafft es, kleine Krisen abzuwenden.

Webtipp

Eine Checkliste, was alles in die Trauzeuginnen-Tasche gehört, kannst du kostenlos herunterladen unter:

www.traumzeugin.de/free

Was tun bei stänkernden Gästen?

Einige dieser Krisen lassen sich jedoch auch nicht mit einem Goodie aus der Handtasche bewältigen. Betrunkene Gäste, die sich daneben benehmen, böse Stiefschwestern oder übel gelaunte Schwiegermütter können die Stimmung leicht verderben. Kein Witz: Auf der Hochzeit einer Freundin hatte die Schwiegermutter tatsächlich in die Runde geprustet: „Mal sehen, wie lange das hält“. Wohlgemerkt in eine Runde, die aus guten Freunden ihrer frischgebackenen Schwiegertochter bestand. Eine mehr als unangenehme Situation für alle Beteiligten.

Natürlich kannst du als Trauzeugin nicht verhindern, dass es zu solchen Zwischenfällen kommt. Aber du kannst dafür sorgen, dass das Brautpaar hiervon möglichst nichts mitbekommt. Man kann von jedem Hochzeitsgast erwarten, dass er gut gelaunt und wohlwollend zu einer Hochzeit erscheint – egal wie begeistert oder auch nicht begeistert er von diesem Anlass, dem Veranstaltungsort oder sonst einem Detail ist.

Stänkernde, lästernde Gäste sollten freundlich darauf hingewiesen werden, ihre negativen Meinungen für sich zu behalten. Wer sich komplett daneben benimmt und etwa im Vollsuff wild pöbelnd über die Tische stolpert, hat auf der Feier nichts mehr zu suchen.

Zu guter Letzt sei jedoch noch einmal gesagt, dass du als Trauzeugin zwar eine ganze Menge Aufgaben rund um die Hochzeit übernimmst. Doch letztlich bist auch du Hochzeitsgast. Und das bedeutet, dass auch du den Tag genießen und ordentlich feiern sollst. Trauzeugin zu sein ist schließlich kein Job, sondern eine Ehre, die vor allem Spaß machen sollte.

Aufgaben der Trauzeugin nach der Hochzeit

Ein gelungener Abschluss

Es ist weit nach Mitternacht als sich die Tanzfläche langsam leert. Die Füße sind müde, die Augen schwer und immer mehr Gästepaare verabschieden sich. Das Brautpaar nutzt die Zeit, um den Rest des Abends noch einmal zu zweit zu genießen. Mit dem letzten Tanz des Abends findet nicht nur die Hochzeit, sondern auch die intensive, oft monatelange Vorbereitungsphase einen krönenden Abschluss. Viele Paare sind ein Stück weit erleichtert, dass diese manchmal auch stressreiche Zeit vorbei ist und sie nun endlich in ein „normales“ Leben als Eheleute starten können.

Doch natürlich ist auch ein bisschen Wehmut dabei: Vorerst gibt es nichts mehr zu planen und zu organisieren. Vor allem aber drängt sich bei Frauen die Erkenntnis auf: Jetzt werde ich nie wieder eine Braut sein.

Als Traumzeugin...
...versüßt du dem Brautpaar den Abschied vom Hochzeitszirkus. Vielleicht hast du bereits ein Gästebuch organisiert, in dem Impressionen des Abends eingefangen wurden. Dies ist ein schönes Erinnerungsstück, das du dem Brautpaar überreichen kannst.

Ebenso schöne Erinnerungsstücke sind Fotobücher oder Scrapbooks, in denen du tolle Momente festhalten kannst. Hier haben zum Beispiel Bilder einen Platz, die besondere Stationen der Verlobungszeit einfangen, etwa vom Heiratsantrag, von der Anprobe des Brautkleids oder vom Junggesellinnenabschied.

Vielleicht fallen dir noch ein paar nette Zeilen ein, mit denen du die Bilder kommentierst. Du kannst außerdem noch Stoffmuster der Brautjungfernkleider einkleben, das Programm aus der Kirche oder eine getrocknete Blume aus dem Brautstrauß – deiner Fantasie sind keine Grenzen gesetzt.

Der erste Jahrestag

Wenn die Hochzeit vorbei ist, die Geschenke ausgepackt, die Dankeskarten verschickt und die verdienten Flitterwochen genossen sind, wird schnell wieder der Alltag ins Leben des Brautpaares einziehen. Vielleicht steht eine berufliche Veränderung oder ein Umzug an. Möglicherweise nimmt das Paar auch seinen Kinderwunsch in Angriff. Egal, welche Veränderungen auf das Brautpaar zukommen, sie sorgen dafür, dass die Erinnerung an die Hochzeit immer mehr in den Hintergrund rückt. Und ruckzuck ist ein ganzes Jahr vorbei.

Umso schöner ist es, wenn du den ersten Jahrestag des Ehepaares zum Anlass nimmst, die Zeit der Hochzeitsvorbereitungen noch einmal in Erinnerung zu rufen. Organisiere ein gemeinsames Essen, einen Wellness-Tag oder einen Ausflug, den du gemeinsam mit der Braut verbringst. Gib ihr die Gelegenheit, das letzte Jahr einmal Revue passieren zu lassen: Was hat sich seit der Hochzeit verändert? Wie sieht das Eheleben heute aus?

Nutzt vor allem aber die Gelegenheit, um die Verlobungszeit noch einmal aufleben zu lassen. Fotos, lustige Anekdoten oder die Kopie deiner Trauzeuginnenrede werden euch sicher das eine oder andere Lächeln entlocken.

Stoßt nicht nur auf den Jahrestag an, sondern auch auf eure Freundschaft. Denn ihr ruft euch nicht nur die Hochzeitsvorbereitungen ins Gedächtnis, sondern besinnt euch auch darauf, diese Zeit gemeinsam erlebt und dadurch eure Beziehung bereichert zu haben.

Und wer weiß, vielleicht bekommt ihr bald die Chance, dies noch einmal zu erleben. Nämlich dann, wenn sich die ehemalige Braut für deine Hochzeit in eine *Traumzeugin* verwandelt.

Der Traumzeugin-Knigge

Das perfekte Outfit

Als Trauzeugin warst du sicherlich bei den Shoppingtouren der Braut dabei und hast ihr dabei geholfen, das perfekte Brautkleid zu finden. Je näher der Hochzeitstermin rückt, desto mehr drängt sich wohl auch bei dir die Frage auf: Was soll ich eigentlich anziehen?

Vielen Trauzeuginnen glänzen die Augen bei dem Gedanken, sich ein neues, schickes Kleid zuzulegen. Vielleicht hast du schon in Katalogen, Magazinen, im Internet oder auf Hochzeitsblogs Inspirationen für dein Hochzeitsoutfit gesammelt, inklusive passender Schuhe und Accessoires. Bevor du allerdings ins Geschäft rennst – virtuell oder real –, solltest du dich kurz mit der Braut besprechen. Denn die möchte in punkto Garderobe unter Umständen ein Wörtchen mitreden.

Der Trend, Trauzeuginnen und Brautjungfern mit einheitlichen Kleidern auszustatten, ist aus den USA in den vergangenen Jahren auch zunehmend nach Deutschland übergeschwappt. Immer mehr Bräute planen und stylen ihre Hochzeiten bis ins kleinste Detail durch – und dazu gehört eben auch die Trauzeuginnen-Garderobe.

Brautjungfernkleider aussuchen
Falls die Braut sich wünscht, Trauzeugin und Brautjungfern einheitlich zu kleiden, solltest du diesem Wunsch ruhig nachgeben. Es ist eine Ehre, als Trauzeugin auserwählt zu sein, und auch eine schöne Geste, dies durch ein ganz besonders Kleid allen anderen Hochzeitsgästen zu demonstrieren.

Als Traumzeugin…

…kannst du dabei helfen, ein schönes Outfit für dich und die Brautjungfern auszusuchen – und dabei natürlich auch deinen Geschmack prima einfließen lassen. Aber Vorsicht: Dein persönlicher Stil sollte nicht das einzige Auswahlkriterium sein.

In der Regel ist es so, dass das Brautpaar die Farbe der Brautjungfern- oder Trauzeuginnenkleider passend zum Farbthema der Hochzeit auswählt. Egal, ob Rot, Pink, Blau oder Grün: Die Farben spiegeln sich idealerweise in Tischdekoration, Accessoires, Blumen und eben auch in den Kleidern wider.

Falls es die Braut mit dem Farbthema nicht so eng sieht und dir die Wahl der Farbe überlässt, wirst du natürlich eine Farbe auswählen, die dir gefällt. Falls es auch Brautjungfern gibt, die von dieser Entscheidung betroffen sind, achte am besten darauf eine Farbe auszuwählen, die nicht nur dir steht.

Eine Farbe zu finden, die alle gut tragen können, ist zugegebenerweise schwierig, wenn man davon ausgeht, dass ihr nicht alle genau dem gleichen Typen entsprecht. Oftmals hilft es jedoch, Farbtöne zu vermeiden, die nur sehr wenigen Frauen stehen. Dazu gehört vor allem Gelb, aber auch einige Sand- und Nude-Töne, in denen viele Menschen blass aussehen.

Das Gleiche gilt auch für die Schnitte: Achte bei der Auswahl der Brautjungfern- und Trauzeuginnenkleider darauf, dass sich möglichst alle darin wohlfühlen. Nicht jeder passt in Size Zero oder verfügt über die Traummaße 90-60-90. Tiefe Ausschnitte und ultrakurze, extrem enganliegende Kleider sind in der Regel keine gute Wahl.

Wer zahlt das Kleid?

Geschenk, Junggesellinnenabschied, Friseurbesuch: Solch eine Hochzeit wird auch für die Trauzeugin nicht ganz billig. Vielleicht hattest du geplant, ein Kleid aus deinem Kleiderschrank auf der Hochzeit zu tragen. Doch daraus wird nun nichts, wenn sich die Braut einheitliche Kleider wünscht. Schnell drängt sich da die Frage auf, wer in diesem Fall das Kleid finanziert.

Traditionellerweise kommt das Brautpaar für die Kosten der Blumenbouquets der Brautjungfern und der Trauzeugin auf. Die Kleider müssen sie jedoch selbst bezahlen. Dennoch sollten sich die Kosten in einem angemessenen Rahmen halten. Falls die Braut einen zu extravaganten und für dich unerschwinglichen Geschmack hat, solltest du dies mit ihr besprechen und dich nicht scheuen sie zu bitten, sich an den Kosten zu beteiligen.

Trauzeuginnen-Look in Eigenregie

Gibt die Braut die Garderobe vor, ist die Kleiderwahl einfach. Falls das Brautpaar keinen bestimmten Look für die Trauzeugen vorgibt, liegt die Qual der Wahl bei dir. Im Grunde hast du in diesem Fall freie Hand und kannst dir ein Outfit aussuchen, das dir gefällt und in dem du dich wohlfühlst. Ein paar Kleinigkeiten solltest du dennoch beachten:

Bei der Farbe gibt es einige No-gos – allen voran das Offensichtliche: Weiß. Denn dies ist die Farbe der Braut. Da gibt es nichts dran zu rütteln. Jemand, der als Gast auf einer Hochzeit in einem weißen Kleid erscheint, ist sicher zum letzten Mal vom Brautpaar eingeladen worden. Jede Braut wünscht sich ihren großen Auftritt und ihre einzige Gelegenheit, ein weißes Brautkleid zu tragen, sollte nicht von jemand anderem in den Schatten gestellt werden.

Schwierig und immer absprachebedürftig sind auch weißähnliche Farbtöne: Elfenbein, Eierschale, Beige, Creme oder ganz zartes Rosé, sprich alle Farben, die auf schlecht geschossenen Fotos als Weiß erkannt werden könnten.
Denn: Die wenigsten Brautkleider sind wirklich schneeweiß. Viele Bräute entscheiden sich für einen Elfenbein- oder sogar einen Cremeton. Hinzu kommt, dass bei sehr schlichten Brautkleidern der Abstand zu einem hellen Abendkleid nicht besonders groß ist und sie bei der ungünstigen Kleiderwahl eines Gastes nicht mehr als solche zu erkennen sind.

Weiß als Farbe für die Garderobe geht also gar nicht. Nicht komplett tabu, aber auch mit Vorsicht zu genießen ist Schwarz. Dies ist grundsätzlich eine beliebte Farbe für die Abendgarderobe und zudem ein echter Klassiker im Kleiderschrank. Auch wenn Schwarz grundsätzlich sehr elegant ist, für eine Hochzeit ist es nicht unkritisch. Denn Schwarz ist auch eine Trauerfarbe.

Um nicht versehentlich ein bösartiges Statement zu setzen, solltest du sehr genau darauf achten, dass dein Outfit nicht nach Trauer aussieht. Farbenfrohe Accessoires oder Schuhe lockern schwarze Kleider ebenso auf wie ein moderner, luftiger Schnitt.

Eine weitere mögliche Fauxpas-Farbe ist Rot – allerdings gilt dies nur für Exfreundinnen des Bräutigams. Manche glauben nämlich, dass Frauen, die Rot auf der Hochzeit eines ehemaligen Geliebten tragen, provozieren wollen. Doch auch wenn dies auf dich nicht zutrifft: Rot gilt gemeinhin als die Farbe der Sünde. Ein enganliegendes, kurzes und zudem tiefausgeschnittenes knallrotes Kleid wirkt unter Umständen provokant und sollte der Braut zuliebe lieber im Kleiderschrank bleiben.

Was den Schnitt deines Trauzeuginnen-Kleides betrifft, gibt es ebenfalls nur wenige Einschränkungen. Zum einen richtet er sich nach der Jahreszeit, in der die Hochzeit stattfindet. Im Winter lässt dich ein kurzes Seidenkleid sicher frösteln während dir eine dicke Samtrobe im Sommer die Schweißperlen auf die Stirn treibt.

Ein weiteres Kriterium sind die Wünsche von Braut und Bräutigam. Wenn das Brautpaar zum Beispiel auf der Einladung explizit „um festliche Abendgarderobe“ bittet, ist ein legeres Sommerkleid nicht die richtige Wahl.

Andererseits würde eine zu elegante, ausladende Robe vielleicht in Konkurrenz zum Brautkleid treten. Das solltest du vermeiden. Denn als oberste Regel bei der Kleiderwahl gilt es, der Braut nicht die Show zu stehlen.

Richtig verhalten auf der Hochzeit

Die Hochzeit ist ein ganz besonderer Tag im Leben von Braut und Bräutigam, an den große Erwartungen geknüpft sind. Entsprechend gering ist die Toleranzschwelle für Fehltritte und Fauxpas. Nichts soll schiefgehen und natürlich sollte niemand aus der Reihe tanzen. Das gilt für alle Hochzeitsgäste – aber natürlich im besonderen Maße für die Trauzeugin.

Denn die Trauzeugin trägt auf der Hochzeit nicht nur eine Menge Verantwortung für unterschiedliche Aufgabenbereiche, sondern steht dabei gewissermaßen auch immer im Rampenlicht: neben dem Brautpaar am Altar, auf der Feier am Brauttisch, an der Seite der Braut auf den Hochzeitsfotos. Kleine Patzer, sei es bei der Kleidung, ein Stolperer oder ein Glas zu viel, fallen sofort auf.

Natürlich verlangt niemand, dass du perfekt bist. Und das Brautpaar wird auch nicht erwarten, dass du auf der Hochzeit nur als Planungsmaschine und Fotodekoration agierst. Dennoch verlässt sich die Braut auf dich und ist an diesem Tag ganz besonders auf deine Unterstützung angewiesen. Grobe Fehltritte würde sie dir sicher übel nehmen. Doch was heißt das konkret?

No-gos auf der Hochzeit

Menschen sind unterschiedlich und ebenso ihre Erwartungen an die Hochzeitsgäste. Grundsätzlich lässt sich allerdings sagen, dass die Toleranzgrenze gegenüber Fehltritten auf der eigenen Hochzeit niedriger ist als sonst. Auch Frauen, die sich normalerweise durch eine lockere Einstellung auszeichnen, können am eigenen Hochzeitstag schon bissig werden, wenn ein Blütenblatt im Brautbouquet leicht ranzig ist.

Egal, ob lässiger Typ oder penibler: Es gibt ein paar No-gos, die du besser vermeiden solltest, wenn du auch nach der Hochzeit noch mit dem Brautpaar befreundet sein willst:

- **Ein weißes oder cremefarbenes Kleid tragen:** Weiß und alle Farben in der Weiß-Familie gehören der Braut. Etwas anderes ist es natürlich, wenn sich die Braut explizit helle Kleider für die Brautjungfern oder die Trauzeugin gewünscht hat.

- **Unpünktlich sein:** Pünktlichkeit ist eine Tugend, sagt man. Doch manche Menschen schaffen es einfach immer wieder fünf Minuten auf dem Weg zu verlieren. Normalerweise kein Drama und manchmal sogar sympathisch. Am Hochzeitstag der besten Freundin sich als Trauzeugin zu verspäten, kommt jedoch überhaupt nicht gut an und addiert einen unnötigen Stresspunkt auf die vielleicht ohnehin schon angespannte Situation. Also, liebe chronischen Zuspätkommer: Dieses eine Mal bitte unbedingt pünktlich sein.

- **Frieden stören:** Zwischenrufe während der Zeremonie, auch im Scherz, sind absolut unangemessen. Die Aufforderung des Geistlichen, dass Anwesende, die etwas gegen diese Eheschließung vorzubringen haben, dies nun tun sollten, ist rein rhetorisch. Nicht für immer, aber zumindest in diesem Moment, gilt es zu schweigen. Das schließt auch das Handy ein.

- **Sich betrinken:** zumindest auf die unangenehme Art. Klar, mit der Feierstimmung steigt auch der Alkoholpegel der Gäste – und meistens auch der des Brautpaares. Daher musst du auf der Hochzeit dem Alkohol nicht völlig abschwören. Eine offensichtlich sturzbetrunkene Trauzeugin geht jedoch gar nicht. Unter anderem auch aus dem folgenden Grund:

- **Alle Hemmschwellen fallen lassen:** Spießig muss es nicht sein und viele Brautpaare freuen sich, wenn sie und ihre Gäste einmal so richtig auf den Putz hauen können. Dennoch gibt es

Grenzen. Im Vollsuff oben ohne tanzen, mit dem Trauzeugen rumknutschen oder vielleicht sogar den Bräutigam hemmungslos anflirten – dieses Verhalten kommt beim Brautpaar und bei den Gästen nicht gut an.

- **Lästern:** über das Essen, das Brautkleid, die Location oder gar über die Beziehung der Eheleute. Wer auf einer Hochzeit schlecht redet, verbreitet miese Stimmung und wirkt undankbar. Als Trauzeugin kommt es dir womöglich ohnehin nicht in den Sinn, über ein Hochzeitsdetail zu lästern. Schließlich stehst du Braut und Bräutigam nahe. Doch Vorsicht: Im Eifer des Gefechts oder vertieft in ein Gespräch mit unzufriedenen Gästen kann es schnell passieren, dass einem eine Mäkelei herausrutscht. Besser nicht in der Nähe des Brautpaars!

- **Streit anfangen:** Wie an Weihnachten kommen auf Hochzeiten häufig Menschen zusammen, die sich den Rest des Jahres lieber aus dem Weg gehen. Nun müssen sie – dem Brautpaar zuliebe – gute Miene zum bösen Spiel machen. Doch zerstrittene Verwandtschaft ist nur ein Problem.

  Vielleicht wurde auch der Junggesellinnenabschied von Zickereien überschattet, die noch nicht vergessen sind. Und diese brodeln noch unter der Oberfläche. Der Hochzeitstag ist jedoch nicht der richtige Anlass, solche Quereleien auszutragen. An diesem Tag, und wenn auch nur heute, seid ihr alle beste Freundinnen. Auch Streitereien mit dem Partner sollten heute möglichst vermieden werden. Denn die schlechte Stimmung kann schnell auf das Brautpaar überspringen.

- **Dem Brautpaar die Show stehlen:** Der Hochzeitstag gehört Braut und Bräutigam allein. Jedes Verhalten, das die Aufmerksamkeit von ihnen ablenkt, gilt es unbedingt zu vermeiden.

Gast oder Organisator?
Gutes Essen genießen, gemeinsam etwas trinken, fröhlich feiern und tanzen – auf einer Hochzeit sollen sich die Gäste amüsieren. Und das gilt natürlich auch für dich. Als Trauzeugin bist du jedoch mehr als einfach nur ein Hochzeitsgast. Du nimmst eine Rolle in der Zeremonie ein, bist in die Planung involviert und meistens wirst du durch den Hinweis auf der Einladungskarte zur Kontaktperson auf der Feier ernannt.

Vielleicht hast du noch zusätzliche Aufgaben übernommen, wie die Gestaltung des Geschenketisches, die Organisation des Fotoshootings oder die Einweisung der anderen Gäste, wo wer sitzen soll. Bei all den Pflichten und Aufgaben solltest du – und auch das Brautpaar – nicht vergessen, dass auch du Gast auf der Hochzeit bist.

Deine Berufung als Trauzeugin soll eine Ehre sein und keine Bürde. Daher ist es wichtig, dass auch du nicht von Pflichten überladen wirst, sondern dich auch mal fallen lassen kannst. Verdient hast du es alle Mal.

Was zeichnet also eine echte *Traumzeugin* am Hochzeitstag aus? Sie ist immer präsent, aber hält sich im Hintergrund, ist dem Brautpaar eine gute Freundin und zeigt ihm und den Gästen was es bedeutet, auf einer Hochzeit richtig Spaß zu haben.

Achtung Stolperfallen: So vermeidet ihr Streit

Trauzeugin zu sein, ist eine große Ehre. Aus all ihren Freundinnen und Verwandten, Kolleginnen und Bekannten hat die Braut (oder der Bräutigam) dich ausgewählt, um ihr (oder ihm) bei der Hochzeit zur Seite zu stehen. Mit dieser Ehre sind natürlich auch eine Menge Erwartungen an dich als Trauzeugin geknüpft. Einige spricht das Brautpaar ganz offen aus. Andere bleiben unausgesprochen.

Und natürlich hast auch du eine Vorstellung davon, wie du dich als Trauzeugin einbringen möchtest. Nicht immer stimmen diese Erwartungshaltungen überein. Kollidierende Vorstellungen gepaart mit schlechter Kommunikation können zu einer hoch explosiven Mischung werden. Vor dem Hintergrund einer vielleicht ohnehin schon angespannten Vor-Hochzeitsphase besteht die Gefahr, dass sie einen Streit entzünden, dessen Feuer möglicherweise auch nach der Hochzeit noch lodert und dazu führt, dass von eurer Freundschaft im schlimmsten Fall nur verbrannte Erde zurückbleibt. Dies sollte auf keinen Fall passieren.

Damit die Beziehung zwischen Braut und Trauzeugin keinen Knick bekommt, gilt es, immer offen miteinander zu sprechen. Auf diese Streitfallen solltest du achten:

Mit den Augen der Braut sehen
Menschen, die lange miteinander befreundet sind, kennen einander in- und auswendig. Sie wissen, was dem anderen gefällt und was nicht. Sie haben oft den gleichen Geschmack und teilen viele Interessen. Aber Achtung: Bei all den Gemeinsamkeiten kann es leicht passieren, dass die Unterschiede aus den Augen verloren werden.

Es gibt mit Sicherheit auch eine Reihe von Dingen, bei denen die Geschmäcker auseinander gehen. Da diese häufig nicht so stark thematisiert werden, geht das jedoch leicht unter. Umso wichtiger ist es, die Hochzeit mit den Augen der Braut zu sehen und immer zu überlegen, was sie sich wünschen würde.

Eine gute Ratgeberin schafft es, dies zu berücksichtigen. Egal, ob Blumen, Kleid oder das Programm für den Junggesellinnenabschied: Entscheidend ist, was der Braut gefällt. Vielleicht findest du Spiele auf einer Hochzeit spaßig. Die Brautleute aber nicht. Um Streit und Enttäuschungen zu vermeiden, berücksichtige unbedingt die Wünsche des Brautpaars und frage im Zweifel lieber nach.

Dem Brautpaar seinen Auftritt lassen

Die meisten von uns heiraten nur einmal im Leben. Und dieses Ereignis soll etwas ganz Besonderes werden. Für viele Bräute ist dies auch das erste Mal, dass sich alles um sie dreht und sie genießen die Aufmerksamkeit. Bei einer Hochzeit sollte das Brautpaar immer im Mittelpunkt stehen. Und das gilt bereits in der Vorbereitungsphase. Wer die Aufmerksamkeit raubt – bewusst oder unbewusst – macht sich schnell unbeliebt.

Beim Junggesellinnenabschied schamlos zu flirten oder im Brautmodengeschäft aus Spaß selbst ein Brautkleid anzuprobieren, sollte absolut tabu sein. Auch wenn die Braut nicht direkt etwas dazu sagt, können Aktionen wie diese einen negativen Nachgeschmack hinterlassen.

Raum für Spontaneität

Hochzeitsfeier, JGA oder der Besuch auf einer Hochzeitsmesse: Für viele Aktionen gilt, dass gute Planung hilft, das Beste herauszuholen – vor allem, wenn mehrere Leute involviert sind. Wenn Veranstaltung jeglicher Art jedoch minutiös getaktet sind, geht eines auf jeden Fall verloren: die Spontaneität.

Und das ist besonders ärgerlich, da es in der Regel die spontanen Aktionen sind, die am meisten Spaß bringen. Streitpotenzial gibt es dann, wenn vor lauter Planung die Interessen der Braut vergessen werden. Mehr ist nämlich nicht gleich mehr. Ein paar Programmpunkte weniger haben einen besseren Effekt als ein voller Terminkalender, durch den sich die Braut gehetzt fühlt.

Nicht überfordern lassen

Als Trauzeugin bist du (neben dem Bräutigam) die wichtigste Person in der Hochzeitsvorbereitungsphase. Du übernimmst eine Reihe von Aufgaben, bietest Rat, Tat, Trost und Unterstützung. Was du jedoch nicht bist, ist eine gratis Hochzeitsplanerin. Dies sollte allen Beteiligten klar sein. Natürlich hast du auch noch ein Leben neben der Hochzeit deiner Freundin. Doch im Eifer des Gefechts kann dies schon einmal untergehen.

Wenn du mehr Aufgaben übernimmst als du zeitlich schaffen kannst, können leichter Fehler passieren, Aufgaben werden vergessen oder du frisst deinen Ärger so lange in dich hinein bis du irgendwann explodierst – ein Streit ist vorprogrammiert. Daher ist es wichtig, vorzeitig einen Riegel vorzuschieben, wenn es dir zu viel wird. Oft lässt sich das Problem bereits lösen, indem ihr Aufgaben umverteilt und gemeinsam überlegt, wen ihr noch bei den Hochzeitsvorbereitungen einspannen könnt.

Aufbrausende Bräute zähmen

Warm, lustig, ausgeglichen – dies sind Eigenschaften, die du an deiner Freundin immer geschätzt hast. Doch diese Charakterzüge scheinen zunehmend zu verschwinden, je näher ihr Hochzeitstag rückt. Da wird kommandiert statt erörtert, befohlen anstatt befragt und auch der Tonfall hat deutlich an Melodie verloren. Die zarte Raupe hat sich in einen zähnefletschenden Monster-Schmetterling verwandelt, der zubeißt, sobald etwas nicht nach seiner Pfeife geht. Brautzilla kennt keine Gnade.

Sei es der Stress, der eine solche Charakterdrehung bewirkt, oder einfach nur die Überforderung, die dazu verleitet, den eigenen Willen lauter als nötig und ohne Rücksicht auf Verluste herauszubrüllen – gefallen lassen musst du dir das nicht.

Am besten nimmst du die angehende Braut in einem ruhigen Moment zur Seite um ihr zu erklären, dass dich ihr Verhalten stört. Um Streitigkeiten zu vermeiden, signalisierst du ihr zunächst am besten, dass du Verständnis für ihre angespannte Gemütslage hast. Dann schilderst du ihr die Lage aus deiner Sicht. Betone, welche Gefühle ihr Verhalten in dir auslösen und wie du dir wünschst, in Zukunft behandelt zu werden.

Als deine Freundin will sie bestimmt nicht, dass du dich unwohl fühlst und wird versuchen, ihr Verhalten zu ändern.

Mit Eifersucht umgehen

Manchmal ergeben sich auch Konfliktherde, die nicht durch das Verhalten der Braut entfacht werden. Ein schwierige Situation: Die Freude der Braut über die bevorstehende Hochzeit erinnert die Trauzeugin daran, dass sie selbst vom Heiraten noch weit entfernt ist. Vielleicht hat sie den passenden Partner noch nicht gefunden oder ist sogar gerade frisch getrennt.

Egal wie, in Fällen wie diesen droht das eigene Unglück das Glück der Braut zu überschatten. Neid und Eifersucht sind ganz natürliche und auch verständliche Emotionen. Und es ist auch kein Drama, wenn du dich nicht 100-prozentig ungehalten freuen kannst. Die Frage ist nur: Schaffst du es, deine negativen Gefühle zumindest so weit hinten anzustellen, dass du deine Aufgabe als Trauzeugin erfüllen kannst?

Ich bin mir sicher, dass es schon irgendwie gelingen kann und ihr beide die Hochzeitsvorbereitungsphase genießen könnt. Falls du dennoch bedenken hast, ist es das Beste, sie offen mit der Braut zu besprechen. Miese Gefühle, versteckt unter der Oberfläche, drohen grundsätzlich im falschen Moment ungefiltert auszubrechen. Offenheit hingegen weckt Verständnis.

Streitpunkt Geld

Freundschaft und Geld soll man nicht vermischen, so heißt es. Leichter gesagt als getan. Denn solch eine Hochzeit ist nicht nur für das Brautpaar eine kostspielige Angelegenheit, sondern auch für die Gäste – insbesondere für die Trauzeugin. Das Hochzeitsgeschenk, das Kleid, der Junggesellinnenabschied, der Besuch auf der Hochzeitsmesse und viele Kleinbeträge, die für Verpflegung und Unternehmungen rund um die Hochzeit anfallen. Zusammengerechnet kann diese Stange Geld zur finanziellen Belastung werden.

Ein befreundetes Paar musste in einem Jahr auf fünf Hochzeiten tanzen, allesamt gute Freunde. Die letzte sollte in Florida stattfinden. Im Grunde genommen hatten sie in diesem Jahr ihr gesamtes Urlaubsbudget in die Hochzeiten anderer Leute gesteckt. Finanziell gar nicht leicht zu verkraften.

Falls sich die Kosten zu hoch addieren, musst du die Reißleine ziehen. Hier hilft nur eine offene Taktik: Erkläre der Braut, dass du alles daran setzen willst, ihr einen schönen Tag zu ermöglichen, doch dass deine finanziellen Mittel eben leider begrenzt sind. Dann muss es eben nicht der JGA im Ausland oder das Trauzeuginnenkleid aus Seide sein. Als deine Freundin wird sie dem sicher zustimmen: Die Hauptsache ist, ihr feiert zusammen.

Denkt also immer daran: Bei all dem Trubel um schöne Kleider, tolle Locations und außergewöhnliche Feiern geht es bei einer Hochzeit immer noch um zwei Menschen, die sich gefunden und beschlossen haben, ihr Leben miteinander zu verbringen. Alles Materielle ist nebensächlich.

Und das gilt auch für eure Freundschaft. Das Wichtigste ist, dass ihr diese aufregende Zeit teilen könnt und du dabei bist, wenn deine Freundin diesen großartigen Schritt wagt.

Das macht am Ende eine wahre *Traumzeugin* aus.

Außerdem erschienen von Julia Berger:

Mein Kind heiratet!

Der Hochzeits-Ratgeber für die Eltern von Braut und Bräutigam

Impressum

Traumzeugin
Ratgeber, Tipps und Tricks für die Trauzeugin

Coverbild:
Holaholger / fotolia.com
Oksanita / iStockhoto.com
Marlene9 / iStockhoto.com

Foto Cover Brauteltern: satura_ / fotolia.com
Icons Innen: Anna_leni / iStockphoto.com

Julia Brandt
St. Georgs Kirchhof 7
20099 Hamburg
Telefon 0160 10 46 176

mail@traumzeugin.de
www.traumzeugin.de

9733277R00073

Printed in Germany
by Amazon Distribution
GmbH, Leipzig